HANNAH ARENDT
E A MODERNIDADE

Respeite o direito autoral

O GEN | Grupo Editorial Nacional reúne as editoras Guanabara Koogan, Santos, Roca, AC Farmacêutica, Forense, Método, LTC, E.P.U. e Forense Universitária, que publicam nas áreas científica, técnica e profissional.

Essas empresas, respeitadas no mercado editorial, construíram catálogos inigualáveis, com obras que têm sido decisivas na formação acadêmica e no aperfeiçoamento de várias gerações de profissionais e de estudantes de Administração, Direito, Enfermagem, Engenharia, Fisioterapia, Medicina, Odontologia, Educação Física e muitas outras ciências, tendo se tornado sinônimo de seriedade e respeito.

Nossa missão é prover o melhor conteúdo científico e distribuí-lo de maneira flexível e conveniente, a preços justos, gerando benefícios e servindo a autores, docentes, livreiros, funcionários, colaboradores e acionistas.

Nosso comportamento ético incondicional e nossa responsabilidade social e ambiental são reforçados pela natureza educacional de nossa atividade, sem comprometer o crescimento contínuo e a rentabilidade do grupo.

ADRIANO CORREIA

Doutor em filosofia pela Unicamp (2002). Professor da Faculdade de Filosofia da Universidade Federal de Goiás e pesquisador do CNPq. É autor de *Hannah Arendt* (Zahar, 2007) e recentemente revisou a tradução e fez a apresentação da obra *A condição humana*, de Hannah Arendt, publicada pela Forense Universitária.

HANNAH ARENDT E A MODERNIDADE

Política, economia e a disputa por uma fronteira

■ A EDITORA FORENSE se responsabiliza pelos vícios do produto no que concerne à sua edição, aí compreendidas a impressão e a apresentação, a fim de possibilitar ao consumidor bem manuseá-lo e lê-lo. Os vícios relacionados à atualização da obra, aos conceitos doutrinários, às concepções ideológicas e referências indevidas são de responsabilidade do autor e/ou atualizador.

As reclamações devem ser feitas até noventa dias a partir da compra e venda com nota fiscal (interpretação do art. 26 da Lei n. 8.078, de 11.09.1990).

■ **Hannah Arendt e a modernidade**
ISBN 978-85-309-5773-5
Direitos exclusivos da presente edição para o Brasil
Copyright © 2014 by
FORENSE UNIVERSITÁRIA um selo da EDITORA FORENSE LTDA.
Uma editora integrante do GEN | Grupo Editorial Nacional
Travessa do Ouvidor, 11 – 6º andar – 20040-040 – Rio de Janeiro – RJ
Tels.: (0XX21) 3543-0770 – Fax: (0XX21) 3543-0896
bilacpinto@grupogen.com.br | www.grupogen.com.br

■ O titular cuja obra seja fraudulentamente reproduzida, divulgada ou de qualquer forma utilizada poderá requerer a apreensão dos exemplares reproduzidos ou a suspensão da divulgação, sem prejuízo da indenização cabível (art. 102 da Lei n. 9.610, de 19.02.1998).

Quem vender, expuser à venda, ocultar, adquirir, distribuir, tiver em depósito ou utilizar obra ou fonograma reproduzidos com fraude, com a finalidade de vender, obter ganho, vantagem, proveito, lucro direto ou indireto, para si ou para outrem, será solidariamente responsável com o contrafator, nos termos dos artigos precedentes, respondendo como contrafatores o importador e o distribuidor em caso de reprodução no exterior (art. 104 da Lei n. 9.610/98).

1ª edição – 2014
Foto de capa: "Courtesy of the Hannah Arendt Bluecher Literary Trust"

■ CIP – Brasil. Catalogação-na-fonte.
Sindicato Nacional dos Editores de Livros, RJ.

C847h
Correia, Adriano
    Hannah Arendt e a modernidade : política, economia e a disputa por uma fronteira / Adriano Correia. – 1. ed. – Rio de Janeiro: Forense Universitária, 2014.

    il.

    Inclui bibliografia
    ISBN 978-85-309-5773-5

    1. Arendt, Hannah, 1906-1975. 2. Ciência política. 3. Sociologia. I. Título.

14-13423
                          CDD: 320
                          CDU: 32

A Cássia Oliveira, com amor.

ÍNDICE

Agradecimentos IX

Prólogo
A necessidade de compreender XI

Capítulo I
Vícios privados, prejuízos públicos 1

Capítulo II
O liberalismo e a prevalência do econômico: Arendt e Foucault . 23

Capítulo III
Do uso ao consumo: alienação e perda do mundo 45

Capítulo IV
Quem é o *animal laborans?* 71

Capítulo V
"A política ocidental é cooriginariamente biopolítica?" – Um
percurso com Agamben 107

Capítulo VI
A esfera social: política, economia e justiça 129

Capítulo VII
O caso do conceito de poder – A Arendt de Habermas 159

Capítulo VIII
Revolução, participação e direitos 175

Epílogo
Sistema de conselhos: uma nova forma de governo? 197

Bibliografia 211

AGRADECIMENTOS

Este livro não seria possível sem o suporte e a inspiração que foram fornecidos com maior ou menor intensidade por pessoas fundamentais à minha vida, não apenas acadêmica. Não seria possível sem o apoio, o entusiasmo e a tranquilidade que me foram proporcionados por minha companheira Cássia Oliveira, a quem o dedico. Aos meus pais, Nilza e Nivaldo, devo ainda o conforto possível dos meus primeiros projetos pessoais. Beneficiei-me imensamente ainda das discussões do Grupo de Estudos em Biopolítica da UFG, que coordeno junto às queridas Carmelita Felício e Adriana Delbó – companheira inspiradora desde os primeiros passos na filosofia. Além disso, elas gentilmente examinaram alguns capítulos deste livro e contribuíram decisivamente no seu aprimoramento.

Sou ainda devedor da interlocução com vários colegas nos encontros dedicados à obra de Hannah Arendt – vários que, de tantos, temo mencionar nominalmente – assim como nos muitos outros encontros aqui e alhures em que pude apresentar versões preliminares de cada um dos capítulos a seguir. Muitos desses colegas foram muito importantes para minha compreensão da obra arendtiana, e ainda que seguramente não respondam por meus prováveis equívocos, participam com certeza de algum eventual mérito. Destaco especialmente os amigos Cláudio Boeira Garcia, pela inspiração dos primeiros encontros sobre Hannah Arendt, Celso Lafer, pelo apoio e pelo estímulo constantes, e José Sérgio Fonseca de Carvalho, parceiro que nos últimos tempos tem me provocado a pensar em novas fronteiras.

Este livro resulta em grande medida das pesquisas que tenho realizado nos últimos anos com o apoio de uma bolsa de produtividade em pesquisa do CNPq, pelo qual não posso deixar de agradecer. Agradeço, por fim, aos meus colegas e alunos da Faculdade de Filosofia da UFG, que me permitiram a tranquilidade necessária para continuar a pensar e escrever mesmo no exercício de funções administrativas.

Prólogo

A NECESSIDADE DE COMPREENDER

> O que as massas se recusam a reconhecer é a fortuidade que permeia a realidade. São predispostas a todas as ideologias porque explicam os fatos como simples exemplos de leis e ignoram as coincidências inventando uma onipotência oniabrangente que supostamente está na raiz de todo acaso. A propaganda totalitária viceja nesta fuga da realidade para a ficção, da coincidência para a consistência.
>
> *Hannah Arendt*[1]

Em uma entrevista concedida à televisão alemã em 1964, Hannah Arendt declara não pertencer ao círculo dos filósofos e não se perceber como uma filósofa. Afirma então ter abandonado a filosofia em definitivo há muito tempo e que seu ofício é a teoria política. Este abandono teria sido provocado por seu crescente interesse pela dignidade da política desde ao menos os eventos que culminaram na ascensão do nazismo e no incêndio do Reichstag em 1933.[2] Ainda em *A vida do espírito* – sua última obra, publicada postumamente em 1978 – ela julga ter de se justificar por lidar

---

1 H. Arendt, *The origins of totalitarianism*, p. 351 e 352 (p. 401 da trad. bras.). Grifo meu. Recorrerei, sempre que possível, a traduções em português, fazendo eventuais modificações ao cotejá-las com o texto no idioma original.

2 *Idem*, "O que resta? Resta a língua": uma conversa com Günter Gauss, p. 34.

com as atividades espirituais do pensar, do querer e do julgar e com seus "temas espantosos", já que não pretende nem ambiciona ser um "filósofo".[3] A razão para esse embaraço seria a tradicional hostilidade dos filósofos com a política, ao menos desde a condenação e a morte de Sócrates e seu impacto na filosofia platônica, cabendo mencionar poucas exceções desde então, como Maquiavel, Montesquieu, Kant, Tocqueville e Jaspers.

Essa hostilidade foi tematizada por Arendt em vários momentos de sua obra, notadamente desde o início da década de 1950, no contexto de sua investigação das relações entre o totalitarismo e a tradição do pensamento político ocidental, e é decisiva na conformação do estilo do seu pensamento.[4] Para ela, desde o impacto da morte de Sócrates na filosofia de Platão o desconforto dos filósofos com a pluralidade, o espaço público, a fala persuasiva e o modo de vida ativo fez com que a própria ideia de uma filosofia política representasse uma ameaça à dignidade da política. Com efeito, diz ela,

---

3 *Idem, A vida do espírito*, p. 17.

4 Como bem nota Anne Amiel, "esta questão implica pelo menos: 1) a efetividade da ruptura com a tradição e a natureza desta; 2) a relação com a tradição da filosofia política (os filósofos apenas 'tangencialmente' afrontaram a política porque tratavam do homem e não dos homens; são frequentemente politicamente suspeitos, por 'doença profissional' etc.); 3) a relação com o fim da tradição de filosofia política (que significa que Marx deseje 'abolir a filosofia'?); a capacidade de pensar o acontecimento, isto é, o imprevisível, o plural, o irrefreável; 4) a oposição sempre mantida entre os 'filósofos políticos' e os 'pensadores políticos' (Maquiavel, Montesquieu, Tocqueville), de que se vale Arendt; 5) os laços entre a teoria e a prática". *A não-filosofia de Hannah Arendt*: revolução e julgamento, p. 16, nº 7.

PRÓLOGO | A NECESSIDADE DE COMPREENDER XIII

um dos traços decisivos da filosofia ao lidar com a política sempre foi falar do homem no singular, como se existisse uma só natureza humana, ou como se originalmente existisse apenas um homem na Terra. O problema sempre foi que toda a esfera política da vida humana existe somente graças à pluralidade dos homens, graças ao fato de que um homem só simplesmente não seria humano. Em outras palavras, todos os problemas da filosofia política começam onde se detém a filosofia tradicional, com seu conceito de homem no singular.[5]

Uma nova filosofia política deveria ter início no abrigo filosófico da própria condição humana da pluralidade, assim como da contingência que lhe é contígua, mas ainda que ela julgasse esse surgimento possível, sempre evitou a expressão "filosofia política". Karl Jaspers, orientador de sua tese de doutorado e um dos seus mais frequentes e caros interlocutores, assistiu à entrevista e redarguiu imediatamente a ela que sua despedida da filosofia só podia ser um gracejo, considerando suas atividades e escritos. Jocosamente, afirma ainda que ela deveria ser repreendida por ter feito tal declaração e invitada a prestar contas do que significa propriamente não ser filósofo.[6]

A provocação de Arendt, todavia, ainda que claramente irônica, não é trivial e possui implicações que ultrapassam largamente o âmbito do humor. Foi o próprio Jaspers uma inspiração fundamental para a convicção arendtiana de que

---

5   H. Arendt, O interesse do atual pensamento filosófico europeu pela política, p. 478.

6   *Hannah Arendt-Karl Jaspers Briefwechsel:* 1926-1969 (carta de 29 de outubro de 1964), p. 608.

o pensamento político contemporâneo, distintamente da filosofia política da tradição inaugurada por Platão, passou a reconhecer que "os assuntos humanos propõem problemas filosóficos autênticos, que a política constitui um domínio onde surgem questões filosóficas genuínas e não uma simples esfera da vida a ser regida por preceitos derivados das mais variadas experiências"[7] em grande medida porque "a existência só pode se desenvolver na vida compartilhada dos seres humanos que habitam um mundo dado, comum a todos eles".[8]

Jaspers, para ela o único filósofo que teria protestado contra a solidão, concebeu uma filosofia cosmopolita em cujo núcleo encontra-se a noção de comunicação irrestrita, consoante a qual a própria verdade é comunicativa e desaparece fora da comunicação. Ainda que o tema da pluralidade não apareça evidente e que a política, distintamente do caso do existencialismo francês, não ocupe o primeiro plano de suas reflexões filosóficas, ela pensava que a filosofia da comunicação de Jaspers anuncia uma profunda abertura para a dignidade da política.

Para Arendt, as experiências subjacentes ao novo interesse dos filósofos seus contemporâneos pelas questões políticas resultavam notadamente de acontecimentos como as guerras mundiais, o totalitarismo e a perspectiva de uma guerra atômica. Interpretados como índices da crise da civilização ocidental, tais acontecimentos teriam feito entrever

---

7   H. Arendt, O interesse do atual pensamento filosófico europeu pela política, p. 445. Cf. p. 457.
8   *Idem*, O que é a filosofia da existência [*Existenz*], p. 215.

PRÓLOGO | A NECESSIDADE DE COMPREENDER

um vínculo estreito entre pensamento e ação como em muito poucos momentos na história. Para ela, "a renúncia do filósofo ao papel de 'sábio' é talvez, em termos políticos, o resultado mais importante e fecundo do novo interesse filosófico pela política",[9] mas é ainda necessário criar condições adicionais para o abrigo filosófico da condição humana da pluralidade, no que diz respeito tanto à atividade da ação quanto à atividade do juízo.

A renúncia à pretensão da condição de sábio, para falar com Arendt, "abre caminho para o reexame de todo o âmbito da política à luz das experiências humanas básicas nesse campo e implicitamente descarta conceitos e juízos tradicionais com raízes em tipos de experiência variadíssimos" –[10] a solidão do filósofo e seu frequente medo do espaço público e dos muitos que o ocupam; a mentalidade utilitária do fabricante de objetos, ferramentas e utensílios; ou a "felicidade" do *animal laborans*, compreendida como maximização progressiva do horizonte da saciedade no metabolismo que constitui o processo vital.

Em sua clássica obra sobre Aristóteles, Werner Jaeger sustenta que "o ideal metodológico da metafísica é o de 'salvar os fenômenos' (*sózein ta phainómena)*", na medida em que "ela deve extrair as razões últimas do mundo empírico dos próprios fenômenos e de sua lei interior".[11] Salvar os fenômenos porque se trata de encontrar uma forma de atribuir significado aos fenômenos particulares, sejam os eventos,

---

9 *Idem*, O interesse do atual pensamento filosófico europeu pela política, p. 448.
10 *Ibidem*.
11 *Aristoteles*, p. 434.

sejam os objetos. Com a progressiva derrocada e a perda de credibilidade da tradição metafísica desde os primórdios da era moderna, a primeira solução encontrada traduziu-se em um dilema: "trata-se de 'salvar os fenômenos', como acreditavam os antigos, ou de descobrir o aparelho funcional oculto que os faz aparecer?".[12] A ênfase moderna nesta última direção teria lançado os fenômenos particulares na completa ausência de sentido e dignidade própria, só precariamente remediada então com a compreensão da história como uma progressiva realização de algum desígnio.

Em Hegel, que desempenhou um papel decisivo em todo esse movimento de desalojamento do filósofo de sua torre de marfim, o pensamento e a ação ainda se conciliam na história – de modo que "os pensamentos pareciam captar o significado dos acontecimentos antes, e não depois, de ocorrer, e em que os acontecimentos pareciam concretizar e esclarecer os pensamentos".[13] Em Nietzsche e em Heidegger,

---

12 H. Arendt, *A vida do espírito*, p. 71.

13 *Idem*, O interesse do atual pensamento filosófico europeu pela política, p. 447. Cerca de duas décadas depois Arendt observa que a "maldição da contingência", ou o que desde o declínio da pólis e o fim da Antiguidade passou a constituir o "problema da liberdade", encontrou na Era do Progresso "sua pseudossolução na *filosofia da história* do século XIX, cujo maior representante produziu uma teoria engenhosa de uma Razão e de um Significado escondidos no curso dos acontecimentos do mundo, guiando as vontades dos homens em toda sua contingência na direção de um objetivo final que eles jamais pretenderam alcançar" e então "o olhar retrospectivo do filósofo, pelo puro esforço do ego pensante, pode internalizar e relembrar (*ex-innern*) a falta de sentido e a necessidade do movimento que se desenrola, de modo que possa novamente com o que é e não pode não ser. Afinal, em outras palavras, o processo do pensamento mais uma vez coincide com o autêntico Ser: o pensamento depurou a realidade daquilo que era meramente acidental". *Idem, A vida do espírito*, p. 289.

PRÓLOGO | A NECESSIDADE DE COMPREENDER XVII

por seu turno, a própria arrogância dos absolutos, mesmo a do processo histórico, foi deixada para trás e se assumiu e se acolheu a perda do quadro tradicional de referências como algo consumado inclusive no âmbito da filosofia.

Para Hannah Arendt essa preocupação moderna com a força que está oculta, por trás dos fenômenos e dos nossos processos de conhecer, foi uma infeliz maneira de "salvar" os fenômenos: "eventos, feitos e sofrimentos isolados não possuem mais sentido do que martelo e pregos em relação à mesa concluída".[14] A razão é que a busca por salvar o âmbito dos assuntos humanos da sua constitutiva contingência só pode redundar na diluição do significado próprio dos eventos. Esta falta de jeito para lidar com o particular teria consequências políticas desastrosas para a capacidade de compreender, notavelmente em tempos sombrios.

Tais considerações preliminares são decisivas para compreendermos o delineamento programático de Arendt no prólogo de *A condição humana*:

> o que proponho nas páginas que se seguem é uma reconsideração da condição humana do ponto de vista privilegiado de nossas mais novas experiências e nossos temores mais recentes. É óbvio que isso é um assunto do pensamento, e a ausência de pensamento [*thoughtlessness*] – a despreocupação negligente, a confusão desesperada ou a repetição complacente de "verdades" que se tornaram triviais e vazias – parece-me ser uma das mais notáveis características do nosso tempo. *O que*

---

14 *Idem*, O conceito de História – antigo e moderno, p. 115.

> *proponho, portanto, é muito simples: trata-se apenas de pensar o que estamos fazendo.*[15]

Essa divisa – pensar o que estamos fazendo – é não apenas o acorde fundamental de *A condição humana*, como Arendt mesma anuncia, mas pode ser admitida como uma das insígnias articuladoras de sua obra. Esse pensar arraigado nas experiências pode ser apenas experimental, tentativo e tem frequentemente de recorrer ao ensaio e a exercícios de pensamento, como os constantes em *Entre o passado e o futuro*. Trata-se de experimentos de pensamento que são capazes de inspirar a compreensão na medida mesma em que põem em suspenso o problema da verdade – é o caso da imagem do "eterno retorno" em Nietzsche ("com seus experimentos de pensamento de uma honestidade implacável"),[16] ou da parábola de Kafka à qual ela recorre no prefácio deste último livro, que não são concebidas como teorias ou doutrinas.

Tais experimentos são antípodas dos pressupostos fundamentais ou categorias inquestionados invariavelmente aplicados à política e à ética por aqueles que concebem a história não como palco da ação humana, mas como a sempiterna repetição do mais do mesmo, na qual sempre ocorreriam processos oniexplicativos a serem captados por essas

---

15 *Idem, A condição humana*, p. 6. Grifo meu.
16 *Idem, A vida do espírito*, p. 417. Logo a seguir ela cita o seguinte trecho de Heidegger (Überwindung der Metaphysik): "a novidade de nossa posição contemporânea em filosofia baseia-se na convicção, que nenhuma época teve antes de nós, de que não possuímos a verdade. Todas as gerações anteriores 'possuíam a verdade', até mesmo os céticos". Cf. p. 434.

PRÓLOGO | A NECESSIDADE DE COMPREENDER

tais categorias. Para esses muitos, que Arendt considerava vítimas de um notável desamparo teórico, só pode ser absurdo falar da novidade da dominação totalitária ou afirmar que absurdos acontecem ou duvidar de que Hitler seja pouco mais que a reencarnação de Gengis Khan.[17]

Possivelmente não é outra a razão de a epígrafe de *As origens do totalitarismo* ser a seguinte sentença de Karl Jaspers: "não sucumbir nem ao passado nem ao futuro; o que importa é estar inteiramente presente".[18] Esse engajamento no presente não consiste, claro, em ter sempre algo a dizer sobre recentíssimos acontecimentos, cuja relevância supostamente repousaria antes de tudo em sua novidade e em sua repercussão. Arendt pressupunha que a relevância e o significado dos eventos se revelavam em alguma medida apenas quando seus mais imediatos efeitos cessavam, também porque a acuidade do pensamento e do juízo é inversamente

---

17 Cf. *idem*, As técnicas sociológicas e o estudo dos campos de concentração, *passim*. Cf. *idem*, Reflexões sobre política e revolução, p. 181. Em resposta à carta de um estudante alemão, pouco antes da rebelião estudantil de 1968, Arendt observa: "você não pode mudar *o* mundo, porque não pode ser cidadão do mundo; e costumam se inclinar por uma responsabilidade mundial justamente aquelas pessoas que fogem, por razões compreensíveis, à responsabilidade por seu mundo. Não há como determinar teoricamente os limites, que em muitos casos podem facilmente ser deduzidos na prática. Quando se trata de política, é preciso aprender a pensar em *limites*. Isso não é fácil para quem, como o senhor ou como eu, vem de uma tradição filosófica pesada e grandiosa como a alemã, pois é da essência do pensamento transcender os limites". Hannah Arendt a Hans Jürgen Benedict, Revolution, violence, and power: a correspondence, p. 304.

18 Ela conclui o prefácio dessa mesma obra afirmando que "são vãos todos os esforços por escapar da severidade do presente rumo à nostalgia por um passado ainda eventualmente intacto ou ao antecipado oblívio de um futuro melhor".

proporcional à prontidão da tagarelice obstinada na busca constante de novidade.

Os exercícios de pensamento político são concebidos como resposta à provocação dos acontecimentos políticos concretos, à "exigência de atenção do pensamento feita por todos os fatos e acontecimentos em virtude de sua mera existência".[19] Isto porque Arendt pressupõe que

> o próprio pensamento emerge de incidentes da experiência viva e a eles tem de permanecer ligado, já que são os únicos marcos dos quais pode obter orientação. Uma vez que se movem entre o passado e o futuro, contêm tanto crítica quanto experimentos, mas os experimentos não visam a conceber qualquer espécie de futuro utópico, e a crítica do passado, dos conceitos tradicionais, não pretende "desmascarar".[20]

Em suma: "qual o objeto de nosso pensamento? A experiência! Nada mais! E se perdermos a base da experiência, chegaremos a todo tipo de teorias".[21] Esse caráter experimental, tentativo e arraigado nas experiências, decorre da aceitação de nossa nova condição, de desamparo das hierarquias e articulações da tradição, e da exploração das possibilidades novas que se abrem. Nesse cenário, as pretensões sistemáticas, mais que deslocadas, acusam um pensamento "ideológico",[22] fechado sobre si mesmo, e constituem o que Arendt deliberadamente busca evitar com vistas a conservar

---

19 Idem, *A vida do espírito*, p. 19.
20 Idem, Prefácio: a quebra entre o passado e o futuro. In: *Entre o passado e o futuro*, p. 41.
21 Idem, Sobre Hannah Arendt, p. 130.
22 A. Amiel, *A não-filosofia de Hannah Arendt*: revolução e julgamento, p. 22.

PRÓLOGO | A NECESSIDADE DE COMPREENDER

uma reflexão aberta a permanente reformulação por conta das experiências com que se confronta.

O "abismo entre as atividades espirituais interiores e invisíveis e o mundo das aparências"[23] é transposto com metáforas, imagens e tipos ideais, de modo que toda a linguagem filosófica só pode ser metafórica e possivelmente não pode prescindir da narrativa para articular significativamente suas experiências, justamente porque a necessidade de pensar surge sempre que "percebemos que as palavras, tomadas em seu sentido ordinário, são mais obscurantes que reveladoras".[24] E o pensamento tem de operar antes por esclarecimento via distinção que por análise via associação.

Elizabeth Young-Bruehl, autora da ainda definitiva biografia de Hannah Arendt, indicou que ela denominava "análise conceitual" o seu próprio procedimento filosófico, cujo propósito consistia em sondar na origem dos conceitos as experiências originárias das quais proviriam:

> com a ajuda da filologia ou da análise linguística, retraçava o caminho dos conceitos políticos até as experiências históricas concretas, geralmente políticas, que davam origem a tais conceitos. Era então capaz de avaliar a que ponto um conceito se afastara de suas origens e de mapear a miscelânea de conceitos ao longo do tempo, marcando pontos de confusão linguística e conceitual. Ou, dizendo de outra maneira: ela praticava uma espécie de fenomenologia.[25]

---

23 H. Arendt, *A vida do espírito*, p. 125. Cf. p. 122. Cf. *idem*, Sobre Hannah Arendt, p. 124.

24 *Idem, Denktagebuch – 1950-1973*, p. 770 [XXVII, 45, abr. 1970].

25 Elizabeth Young-Bruehl, *Hannah Arendt*: por amor ao mundo, p. 286.

Arendt cultivava uma *fenomenologia genealógica* na qual eram decisivos os eventos históricos e as experiências deles decorrentes, notadamente no âmbito da linguagem, mas também no das configurações das formas de vida – nas tensões, inversões e transfigurações entre seus diferentes âmbitos e forças. Importava a ela traçar a genealogia dessas transfigurações e das forças que as presidiram, ainda no escopo da busca por compreender o que estamos fazendo.[26] Recorreu a expediente análogo quando foi levada a examinar a vida do espírito e as experiências subjacentes às chamadas falácias metafísicas. Traduziu assim o ir às coisas mesmas no enraizamento do pensamento na experiência. Para ela, enfim, "o pensamento tem o 'caráter de um regresso (*Rückgang*)'. É esse precisamente o sentido da *fenomenologia*".[27] Essa era sua espécie de fenomenologia, a instalar um horizonte para a compreensão desamparado do corrimão da tradição – na qual julgava, todavia, encontrar experiências e intuições fundamentais que não mereciam soçobrar por conta do desmantelamento da metafísica. Com efeito, ao fim da metafísica e da tradição do nosso pensamento político sobrevivem tanto as experiências dos pensadores com o pensamento quanto a linguagem e os conceitos que tiveram suas origens soterradas pelas articulações rígidas da tradição.

A ocupação de Hannah Arendt com o passado tem sempre em mente ao menos dois outros referenciais fun-

---

26 Nesse percurso a compreensão do totalitarismo seguramente assume uma função articuladora. Cf. Jacques Taminiaux, The philosophical stakes in Arendt's genealogy of totalitarianism, p. 423 e segs.

27 H. Arendt, *Denktagebuch* – 1950-1973, p. 724 [XXVI, 27, ago. 1969]. Grifo no original.

PRÓLOGO | A NECESSIDADE DE COMPREENDER   XXIII

damentais, além da filosofia de Jaspers: um "método" historiográfico fragmentário inspirado por Walter Benjamin; e um exame dos conceitos e das experiências e forças que presidiram sua configuração e eventual transfiguração, inspirado principalmente por Heidegger, em princípio, e ainda por Nietzsche. De Benjamin, Arendt apreendeu não apenas uma nova compreensão da temporalidade, mas também a constatação de que "a ruptura com a tradição e a perda de autoridade que se verificaram no seu tempo eram irreparáveis" e a conclusão daí decorrente de que "era preciso descobrir novas formas de lidar com o passado",[28] pois estava definitivamente desfeita a teia tecida pela tradição, que articulava as histórias (*stories*) uma na outra por meio do vigoroso fio que estabelecia a hierarquia entre elas.

Ela mesma se classificaria como um tipo de fenomenóloga na medida em que examina os fenômenos políticos assumindo que cada um deles possui características específicas e que a percepção delas é possível. Para tanto, "as palavras seriam um bom lugar para começar, não porque a linguagem conceitual revele o fenômeno de um modo direto, mas porque, como Heidegger sustentava, as palavras levam o registro das percepções do passado, autêntico ou inautêntico, revelador ou distorcido".[29] Antes de Heidegger, no entanto, Nietzsche já havia concebido uma genealogia na qual os discursos eram tratados como sintomas. Em uma discussão acerca de sua obra e de seu estilo ela observa o seguinte, dirigindo-se a C. B. Macpherson:

---

28   *Idem*, Walter Benjamin (1892-1940). In: *Homens em tempos sombrios*, p. 166.

29   Elizabeth Young-Bruehl, *Hannah Arendt: por amor ao mundo*, p. 356.

em minha opinião uma palavra tem uma relação mais forte com o que ela denota do que com o modo como ambos a empregamos. Ou seja, você considera apenas o valor comunicativo da palavra, eu considero a sua qualidade desveladora. E, naturalmente, esta qualidade desveladora tem sempre um pano de fundo histórico.[30]

Hannah Arendt se junta deliberadamente "às fileiras daqueles que, já há algum tempo, vêm tentando desmontar a metafísica e a filosofia, com todas as suas categorias, do modo como a conhecemos, desde o começo, na Grécia, até hoje",[31] tendo como pano de fundo a ruptura definitiva do fio da tradição e como "método" uma técnica de desmontagem que é mais um conjunto de reflexões e conclusões sobre uma perda que é já um evento do mundo. Esta técnica traz ainda o passado, mas um passado *fragmentado*, que perdeu sua certeza de julgamento. Temos de pensar sem corrimão (*Denken ohne Geländer*).[32] Assim, "poderemos reclamar para nós nossa dignidade humana, resgatá-la, por assim dizer, da pseudodivindade chamada História na Era Moderna, sem negar a importância da história, mas *negando-lhe o direito de ser o último juiz*". O princípio político implícito nesta empresa de recuperação está resumido na frase seguinte de Catão ao comentar a vitória de César e que era, para Arendt, o espírito do republicanismo:[33] "a

---

30 H. Arendt, Sobre Hannah Arendt, p. 145 e 146.
31 *Idem, A vida do espírito*, p. 234.
32 *Idem*, Sobre Hannah Arendt, p. 160.
33 *Hannah Arendt-Karl Jaspers Briefwechsel*: 1926-1969, p. 281 (carta de 24 de julho de 1954).

PRÓLOGO | A NECESSIDADE DE COMPREENDER

causa vitoriosa agradou aos deuses, mas a derrotada agrada a Catão".[34]

Na entrevista com que comecei esse prólogo Arendt declara que deseja antes de tudo compreender, e que "se os outros compreendem – no mesmo sentido em que compreendi –, isso me dá uma sensação de satisfação, é como se sentir em casa".[35] Essa compreensão "é um processo complexo que nunca gera resultados inequívocos. É interminável por meio da qual, em constante mudança e variação, chegamos a um acordo e a uma conciliação com a realidade, isto é, tentamos sentir o mundo como nossa casa",[36] por meio do pensamento. "Não conheço qualquer outra reconciliação a não ser o pensamento",[37] insiste ela. A compreensão é uma atividade interminável na medida em que cada indivíduo, em sua singularidade única, nasce e permanece estranho em um mundo com o qual, não obstante, tem de se reconciliar constantemente para poder afirmá-lo, ainda que precariamente, como um lar. Para dizer como Arendt, com a ruptura do fio da tradição, o recente reconhecimento da irredutibilidade da realidade ao pensamento e a "fragmentação do Ser", podemos acomodar tanto "o sentido moderno de alienação no mundo quanto o desejo moderno de criar, em um mundo que já não é um lar para nós, um mundo humano que possa se tornar nosso lar".[38]

---

34 *Idem, A vida do espírito*, p. 239 e 240, respectivamente. Grifo meu.

35 *Idem*, "O que resta? Resta a língua": uma conversa com Günter Gauss, p. 33.

36 *Idem*, Compreensão e política (As dificuldades da compreensão), p. 330.

37 *Idem*, Sobre Hannah Arendt, p. 125. Cf. *idem*, Prefácio: a quebra entre o passado e o futuro, p. 34.

38 *Idem*, O que é a filosofia da existência [*Existenz*], p. 215.

Uma das vias privilegiadas para a compreensão é justamente o estabelecimento de distinções, que desempenha um papel fundamental em todo o pensamento arendtiano e é um dos índices mais salientes de seu estilo. Ela afirma o seguinte a sua amiga Mary McCarthy: "sempre começo qualquer coisa – não gosto de saber muito bem o que estou fazendo – sempre começo qualquer coisa dizendo: 'A e B não são iguais'. Isto provém precisamente de Aristóteles, e, para você, de Tomás de Aquino, que também fez o mesmo".[39] Trata-se de uma questão de estilo se compreendermos por estilo a forma da exposição como tradução da própria natureza do pensamento. Isso já se revela no prefácio de *As origens do totalitarismo*:

> a convicção de que tudo o que acontece no mundo deve ser compreensível pode levar-nos a interpretar a história por meio de lugares-comuns. Compreender não significa negar nos fatos o chocante, eliminar deles o inaudito, ou, ao explicar fenômenos, utilizar-se de analogias e generalidades que diminuam o impacto da realidade e o choque da experiência. Significa, antes de tudo, examinar e suportar conscientemente o fardo que nosso século colocou sobre nós – sem negar sua existência, nem vergar humildemente ao seu peso. Compreender significa, em suma, encarar a realidade sem preconceitos e com atenção, e resistir a ela – qualquer que seja.[40]

O estabelecimento de distinções é, portanto, um expediente privilegiado de compreensão para Hannah Arendt e

---

39 *Idem*, Sobre Hannah Arendt, p. 161.
40 *Idem*, *The origins of totalitarianism*, p. viii (p. 12 da trad. bras.).

PRÓLOGO | A NECESSIDADE DE COMPREENDER

um traço notório de seu pensamento. Para podermos estabelecer relações entre os fenômenos – e sentido, portanto – temos de resistir antes à tentação de explicá-los assimilando a outros. Na tarefa de compreender temos de evitar esfumaçar no nível dos conceitos a fronteira já esfumaçada entre os fenômenos no mundo, as experiências na vida do espírito e a relações entre ambos, que se nos apresentam em mútua e permanente articulação. Enquanto expedientes de compreensão, os conceitos e definições não operam como descrição da realidade, portanto, como categorias que sempre deveriam ser aplicáveis a alguma situação ou objeto presentes – na medida em que se possa imaginar isso possível. A compreensão é "o outro lado da ação", na medida em que permite ao homem de ação se reconciliar com a indisponibilidade do passado "e a se reconciliar com o que existe de modo inevitável".[41] É também o que permite aos espectadores do grande jogo do mundo apreender seu significado, desde que recusem a condição de "intelectuais" ("uma palavra odiosa")[42] portadores de algum sentido oculto aos muitos. As implicações dessa disposição são decisivas para ela:

---

41 *Idem*, Compreensão e política (As dificuldades da compreensão), p. 345. "Acerca da *compreensão*: a compreensão é tão '*a priori*' para a ação quanto a contemplação é para a fabricação. Na compreensão tem lugar a reconciliação com o mundo, que precede toda ação e a possibilita (...). Reconciliar significa: 'chegar a um acordo *com*' ['*to come to terms* with']; me reconcilio com a realidade como tal e a partir desse momento faço parte dessa realidade como ator (...). *Compreender é a forma especificamente política do pensamento*". *Idem, Denktagebuch* – 1950-1973, p. 331-332 [XIV, 16, março 1953]. Último grifo meu.

42 Elizabeth Young-Bruehl, *Hannah Arendt:* por amor ao mundo, p. 225 (citando carta a Hilde Fränkel, de 08 de janeiro de 1950).

minha principal crítica ao atual estado das ciências políticas e históricas se refere à sua crescente incapacidade de fazer distinções. Termos como nacionalismo, imperialismo, totalitarismo e outros são usados de modo indiscriminado para todos os tipos de fenômenos políticos (geralmente como meros termos "cultos" para designar a agressão), e nenhum é compreendido em seu contexto histórico específico. O resultado é uma generalização em que as próprias palavras perdem qualquer significado (...). Esse tipo de confusão – em que tudo o que há de distinto desaparece e tudo o que há de novo e chocante é supostamente explicado, mas na verdade anulado, com algumas analogias ou com sua redução a uma cadeia previamente conhecida de causas e influências – me parece ser a marca registrada das ciências históricas e políticas modernas.[43]

Desde ao menos o início dos anos 1950 interessou a Arendt os desdobramentos modernos que retrospectivamente podem ser concebidos como elementos que se cristalizaram na vitória do *animal laborans*, assim como seu acosmismo e seu aprisionamento ao ciclo cada vez mais transfigurado e artificializado, mas não menos compulsório, do processo vital em seu metabolismo com a natureza. Em seu paroxismo, tais desdobramentos resultam na artificialização da própria vida, finalmente convertida em material manipulável por excelência. Dentre esses desdobramentos, cabe mencionar a diluição da fronteira entre natureza e mundo e a artificialização do natural – o material de que outrora era fabricado o mundo; a fuga do mundo para o si

---

43 H. Arendt, Uma réplica a Eric Voegelin, p. 423.

PRÓLOGO | A NECESSIDADE DE COMPREENDER

mesmo, como no caso da *vita contemplativa*, da introspecção cartesiana e da busca da felicidade compreendida como saciedade; a assimilação da instrumentalidade e do engenho do *homo faber* à busca de felicidade do *animal laborans*; e ainda a diluição da fronteira entre uso e consumo.

Neste livro buscamos compreender as distinções delineadas por Arendt – sendo possivelmente a de mais notável dificuldade aquela entre o público, o privado e o social – sem descurar da ameaça tanto das equações quanto das reificações, apostando no seu vigor heurístico para examinar o que em *A condição humana* ela chamou de "mundo moderno", que teria se iniciado politicamente com as explosões atômicas, distintamente da era moderna, iniciada cientificamente no século XVII e encerrada no limiar do século XX.[44] No prólogo desta obra ela menciona fenômenos seus contemporâneos que operaram como pano de fundo da obra, a partir dos quais ela examina a alienação da era moderna em uma visada genealógica: a aspiração por uma vida fora da Terra com o lançamento do Sputnik em 1957; o projeto científico de um homem do futuro, a partir da reprodução em proveta e da manipulação genética; a expectativa pela progressiva isenção do trabalho mediante o incremento da automação. Tais fenômenos e suas respectivas experiências, que se deslocaram na época de Arendt da literatura de ficção científica para a utopia dos projetos científicos, ainda que pareçam contemporaneamente deslocados para nós, articulam-se como formas da alienação do mundo que está no

---

44 *Idem, A condição humana*, p. 7.

centro da análise arendtiana da modernidade, a qual buscaremos indicar ser ainda vigorosa.

Nossa hipótese mais geral é a de que o movimento final de *A condição humana*, notadamente no que concerne ao que Arendt denomina a "vitória do *animal laborans*", conserva seu vigor para uma crítica do presente independentemente da atualidade desses três eventos, e que fenômenos cuja intensidade tem se agudizado, como a prevalência do consumo na definição das formas de vida, são parte do mesmo movimento de alienação do mundo. As experiências subjacentes à modernidade são ambíguas, todavia. Arendt também encontra no moderno espírito revolucionário novas possibilidades para se pensar a política contemporaneamente, e como desdobramento desse espírito chega mesmo ao experimento de uma nova forma de governo, nomeado de Estado-conselho. É certo para ela que a felicidade pública vivenciada pelos revolucionários é ainda uma flama viva capaz de oferecer ao menos um contraponto à predominância da "felicidade" do *animal laborans*, que a tudo apequena. Quando indagada em 1970 sobre o que considerava promissor no movimento estudantil americano não titubeou em mencionar em primeiro lugar a descoberta da alegria no agir e mesmo a de que "agir é divertido". Os estudantes teriam redescoberto a felicidade pública, "que significa que quando o homem toma parte na vida pública abre para si uma dimensão de experiência humana que de outra forma lhe ficaria fechada e que de certa maneira constitui parte da 'felicidade' completa".[45] É com

---

45 *Idem*, Reflexões sobre política e revolução, p. 175.

PRÓLOGO | A NECESSIDADE DE COMPREENDER

essa figura moderna da dignidade da política que estancamos nosso percurso.

Para concluir, recorro a um fragmento do final dos anos 1970, extraído dos *Diários de pensamento*, no qual Arendt ironiza Heidegger afirmando que "o 'às coisas mesmas' de Husserl não significava somente: distanciemo-nos das teorias, mas essencialmente também: distanciemo-nos dos livros" e que era característico de Heidegger que ele tenha precisado de "uma vida inteira para descobrir as 'coisas mesmas' nos livros".[46] Seguramente essa observação irônica (análoga ao tom do texto do mesmo ano em que lhe homenageia pelos seus 80 anos)[47] destoa de sua indicação da centralidade do conceito de mundo da ontologia fundamental heideggeriana para compreender a condição humana em nossos tempos, assim como de sua ênfase no relevo da contribuição heideggeriana para a compreensão da atividade do pensamento – para referir-me apenas ao mais flagrante. Menciono esse comentário, em todo caso, antes alegoricamente, para traduzir a expectativa de que o diálogo com as obras de Arendt neste livro possa inspirar em alguma medida a ultrapassagem dos conceitos rumo às experiências que lhes subjazem, ou das coisas dos livros rumo às coisas mesmas.

---

46 *Idem, Denktagebuch* – 1950-1973, p. 724 [XXVI, 27, ago. 1969].
47 Cf. *idem*, Martin Heidegger faz oitenta anos, p. 229-231.

1

VÍCIOS PRIVADOS, PREJUÍZOS PÚBLICOS

A vida pública assume o aspecto enganoso de uma soma de interesses privados, como se estes interesses pudessem criar uma nova qualidade mediante a mera adição.[1]

Hannah Arendt

O médico, satirista e pensador político Bernard Mandeville (1670-1733) tornou-se célebre ao defender em *A fábula das abelhas* a tese de que vícios privados trazem benefícios públicos, como já sugere o subtítulo da obra, cujo título completo é *A fábula das abelhas ou Vícios privados, benefício público*. Segundo ele, quando cada indivíduo atua tendo em vista somente os próprios interesses, acaba contribuindo para o bem coletivo. Em vista de tal consideração, Mandeville rejeita qualquer interferência dos poderes públicos na vida social – antecipa-se à teoria do *laissez-faire* e aproxima-se das ideias de Adam Smith sobre a "mão invisível" do desenvolvimento econômico, que desemboca na tese do "egoísmo ético" da economia moderna, consoante a qual o vício é o alicerce da prosperidade nacional e da felicidade coletiva. Mandeville sustenta que o atarefamento egoísta de cada abelha na colmeia produz automaticamente um resultado

---

1 *The origins of totalitarianism*, p. 145 (p. 175 da trad. bras.).

benéfico: a própria existência e a sobrevivência do enxame graças à fabricação do mel. Porque cada abelha trabalha a seu bel-prazer a comunidade prospera...

Neste capítulo pretendo examinar as mediações possíveis entre dois extremos: o primeiro representado pela alegoria de Mandeville, que constitui o arremedo mais remoto da concepção política do liberalismo econômico, a conceber o público em função do privado; o segundo, aglutinado na afirmação de Hannah Arendt de que o pai de família, concentrado laboriosamente no interesse dos seus, mostrou-se o grande criminoso do século XX. O título do capítulo antecipa a hipótese que buscarei explorar.

Em novembro de 1939, pouco depois do início da Segunda Guerra Mundial, ocorreu na Filadélfia o primeiro colóquio universitário estadunidense dedicado ao exame do totalitarismo. Este evento foi inspirado por Carlton J. H. Hayes, um historiador da Universidade de Columbia. Em sua conferência, buscou assinalar um traço que seria fundamental à obra *As origens do totalitarismo*, de Hannah Arendt: o caráter historicamente inédito dos regimes totalitários. Ao definir os aspectos desse ineditismo, ele indica, por exemplo, o fato de que os líderes desses regimes provinham da plebe e que sua base de sustentação eram as massas, mobilizadas e coordenadas pelos seus líderes por meio da propaganda e do terror. Para o autor, o fato de estes "déspotas de nosso tempo" não provirem de qualquer aristocracia – seja ela de nascimento, militar ou cultural – foi justamente o que permitiu que seus brados fossem ouvidos pelas massas.

CAPÍTULO 1 | VÍCIOS PRIVADOS, PREJUÍZOS PÚBLICOS

Aglomeradas e amontoadas nas cidades, as massas, em um constante crescimento, "revelam-se particularmente sensíveis às panaceias demagógicas que se lhes ofertam, notadamente aquelas que lhes asseguram que deixarão de ser ínfimas engrenagens na maquinaria industrial para tornarem-se parceiros essenciais aos assuntos do Estado".[2] Aliada à impaciência com a lentidão e a inércia a que julgam estar sujeita a democracia, e dada a aspiração por uma ação eficaz rápida e drástica, esta suscetibilidade ao discurso demagógico frequentemente acaba por se converter em um apelo por um líder forte. Uma democracia de massas corre sempre o risco de desdobrar-se em uma ditadura totalitária em vista de alguma calamidade bem explorada por um demagogo ou uma minoria militante.

São vários os fatores que confirmam o totalitarismo como "um acontecimento completamente novo na história da civilização ocidental",[3] segundo Hayes. Em primeiro lugar "é verdadeiramente totalitário", na medida em que "monopoliza todos os poderes e dirige todas as atividades tanto dos indivíduos quanto dos grupos", "todas as instituições e todas as políticas econômicas, religiosas e educativas lhe são subordinadas" e "nivela as classes sociais e limita ou suprime a liberdade da família e da pessoa".[4] Em segundo, "ordena as massas sobre as quais se apoia que lhe forneça o sustento". Em terceiro, o totalitarismo se mantém e mina

---

2   Carlton J. H. Hayes, La nouveauté du totalitarisme dans l'histoire de la civilisation occidentale, p. 328. Cf. p. 326.
3   *Ibidem*, p. 330.
4   *Ibidem*, p. 332.

a oposição devido ao emprego de meios eficazes de educação popular e propaganda. Além disto, ele julga que o totalitarismo possuiria um traço fundamentalmente religioso, mobilizado por elementos emotivos e símbolos de massa que o tornam de certo modo irresistível, na medida em que desenvolve um novo esquema de métodos e técnicas visando influenciar a opinião pública e reforçar a vontade do líder. O regime totalitário exalta o poder e a força não apenas como meios, mas como fins em si. Todos esses elementos, sustenta Hayes,[5] tornam o totalitarismo uma rebelião contra a civilização ocidental em seu conjunto, com todas as suas conquistas desde a Grécia.

A despeito de Hannah Arendt mencionar o texto de C. Hayes em *As origens do totalitarismo*, de insistir também na novidade da dominação totalitária e no papel das massas, os pontos de divergência entre eles são vários. O primeiro é assinalado pela própria Hannah Arendt, quando indica que é justamente por não diferenciar a ralé (*mob*) das massas que Hayes pensa que os líderes totalitários provêm das massas.[6] Em vista disto, é contra o próprio caráter das massas, sua origem e seu comportamento, como concebido por Hayes, que se volta a análise de Arendt. O nacionalismo tribal e o niilismo rebelde que ele atribui às massas atingem exclusivamente a ralé, na análise de Arendt. Mais ainda,

> as massas, contrariamente ao que foi previsto, não resultaram da crescente igualdade de condições nem da expansão

---

5 Cf. *ibidem*, p. 333-336.
6 H. Arendt, *The origins of totalitarianism*, p. 317, nº 23 (p. 367 da trad. bras.).

CAPÍTULO 1 | VÍCIOS PRIVADOS, PREJUÍZOS PÚBLICOS

> da educação geral, com o inevitável rebaixamento de seu nível e popularização de conteúdo. (…) Logo ficou claro que pessoas altamente cultas foram particularmente atraídas pelos movimentos de massa e que, geralmente, o individualismo altamente diferenciado e a sofisticação não evitaram, e realmente algumas vezes encorajaram, o autoabandono na massa que os movimentos de massa propiciavam. (…) A atomização social e a individualização extrema precederam os movimentos de massa que, muito antes de atraírem, com muito mais facilidade, os membros não individualistas dos partidos tradicionais, atraíram os completamente desorganizados, os típicos "não engajados" que, por motivos individualistas, sempre haviam se recusado a reconhecer laços ou obrigações sociais.[7]

Hannah Arendt julga indispensável à compreensão desses fenômenos evidenciar as distinções entre a ralé, as massas e o povo, principalmente para indicar a novidade representada pelo surgimento das massas. A ralé "é fundamentalmente um grupo no qual são representados resíduos de todas as classes" e "é isto que torna tão fácil confundir a ralé com o povo, o qual também compreende todas as camadas sociais".[8] Não obstante, julga que as distinções são suficientemente agudas para serem desconsideradas, e a principal é que, enquanto nas grandes revoluções o povo

---

7 *Ibidem*, p. 316 e 317. Há notável diferença entre o que consta nesse parágrafo na edição brasileira dessa obra e o texto original. Não tive acesso à primeira edição, mas seguramente a versão brasileira não encontra apoio em qualquer edição posterior do livro, incluindo as mencionadas como fonte da tradução. Cf. p. 366.

8 *Ibidem*, p. 107 (p. 129 da trad. bras.).

luta por um sistema que de fato os represente,[9] a ralé sempre clama pelo "homem forte", pelo "grande líder". Enquanto o povo, por meio das revoluções e das pressões por reformas nos regimes políticos, busca fazer-se representado no sistema político, a ralé tende a desprezar o parlamento e a sociedade dos quais está excluída, aspirando, em sua atração por movimentos que atuam nos bastidores, por decisões plebiscitárias e ações extraparlamentares.

Quando o imperialismo se firmou na segunda metade do século XIX como uma promessa de solução para as crises resultantes tanto da mão de obra supérflua quanto do capital supérfluo – resultante da saturação do mercado doméstico, da falta de matéria-prima e das constantes crises – tornou-se mais clara a origem da ralé. Hannah Arendt assinala que

> mais antigo que a riqueza supérflua era outro subproduto da produção capitalista: o entulho humano que cada crise, seguindo-se invariavelmente a cada período de crescimento industrial, eliminava permanentemente da sociedade produtiva. Os homens que se tornavam permanentemente desocupados eram tão supérfluos para a comunidade quanto os proprietários de riqueza supérflua. (...) O fato novo na era imperialista foi o de que essas duas forças supérfluas, o

---

9 Para Arendt, a crise do governo representativo se deve "em parte porque perdeu, com o decorrer do tempo, todas as praxes que permitiam a real participação dos cidadãos, e em parte porque atualmente sofre gravemente da mesma doença que o sistema de partidos: burocratização e tendência do bipartidarismo a não representar ninguém exceto as máquinas dos partidos". Desobediência civil, p. 79.

capital e a força de trabalho, deram-se as mãos e deixaram juntas o país.[10]

Tal aliança entre a ralé e o capital está na gênese da política imperialista. O imperialismo, e sua noção de expansão ilimitada, apresentava-se então como mecanismo de exportação de um contingente populacional a cada vez renovado pelo mecanismo de produção de excedentes da produção capitalista.

Arendt sustenta que a oposição da ralé à sociedade e às instituições políticas ecoa às avessas o individualismo burguês: "a sociedade competitiva e aquisitiva da burguesia gerou apatia e mesmo hostilidade em relação à vida pública, não apenas e nem mesmo principalmente nas camadas sociais que foram exploradas e excluídas da participação ativa no governo do país, mas acima de tudo em sua própria classe".[11] Essa apatia efetivamente contrasta com a pretensão burguesa de aliar à sua condição de classe social dominante o exercício do poder político na era imperialista. Mas, do mesmo modo que a ralé e a elite davam-se as mãos na exportação de capital e de mão de obra, concertam-se novamente ao assumirem como critério da sua relação com o domínio público "um modo e uma filosofia de vida tão exclusiva e insistentemente centrados no sucesso ou no fracasso do indivíduo em implacável competição que os deveres e responsabilidades do cidadão só poderiam ser

---

10 *Idem, As origens do totalitarismo*, p. 150 (p. 180 da trad. bras.). Cf. p. 155 (p. 184 da trad. bras.).
11 *Ibidem*, p. 313 (p. 363 da trad. bras.).

percebidos como uma exaustão desnecessária de seu tempo e energia limitados".[12]

Tanto quanto o comportamento da ralé, tais disposições burguesas acabam por contribuir para a ruína do engajamento nos assuntos públicos e facilitar o surgimento das ditaduras em que um "homem forte" toma a seu cargo a tarefa incômoda de conduzir o governo dos interesses coletivos. A compreensão burguesa da política como sendo um meio desconfortavelmente necessário à regulação da vida social e à proteção do processo de aquisição reflete a progressiva privatização dos negócios públicos e o acentuado declínio do espaço público na era moderna.

Antes da falência do sistema de classes o *status* social, a pertença a uma classe definida geralmente por nascimento acabava por ser decisiva para a participação individual na política, mesmo que exclusivamente daqueles indivíduos formados em cada classe para este fim. Ainda que com isto, exceto em casos excepcionais, os representantes políticos de cada classe nunca se defrontassem com as coisas efetivamente públicas ou se sentissem responsáveis por ela, a estruturação da sociedade era satisfatoriamente estabilizada. Pouco importava que a maioria das pessoas de todas as classes não se engajasse em alguma organização ou partido políticos. O fato é que

> pertencer a uma classe, com suas limitadas obrigações grupais e atitudes tradicionais em relação ao governo, impediu o crescimento de um conjunto de cidadãos que se sentissem

---

12 *Ibidem.*

CAPÍTULO 1 | VÍCIOS PRIVADOS, PREJUÍZOS PÚBLICOS

individual e pessoalmente responsáveis pelo governo do país. Esse caráter apolítico das populações do Estado-nação veio a lume somente quando o sistema de classes ruiu e levou consigo toda a urdidura de fios visíveis e invisíveis que ligavam as pessoas ao corpo político.[13]

O desengajamento é promovido não apenas com o privatismo burguês, mas, ainda, com o consequente ordenamento político que compreende a representação dos interesses das classes por meio dos partidos.

Em vista disso, com o colapso do sistema de classes, o próprio sistema partidário, a representar interesses específicos das classes, foi posto em questão. Os partidos foram então tornados progressivamente psicológicos e ideológicos, nota Arendt, mas o que indicou claramente o colapso também do sistema partidário da Europa Continental não foi a deserção dos antigos membros, "mas o insucesso no recrutamento de membros da geração mais jovem e a perda do consentimento e do apoio silenciosos das massas desorganizadas que subitamente deixavam de lado sua apatia e seguiram para onde vislumbrassem possibilidade de proclamar sua nova violenta oposição".[14]

Hannah Arendt observa que o êxito dos movimentos totalitários entre as massas fez caírem por terra duas ilusões que acompanhavam os países democráticos e particularmente os Estados-nação europeus e seu sistema partidário:

---

13 *Ibidem*, p. 314 (p. 364 da trad. bras.).
14 *Ibidem*, p. 315 (p. 365 da trad. bras.).

a primeira foi a de que o povo, em sua maioria, participava ativamente no governo e todo indivíduo simpatizava com seu próprio partido ou com o de alguém. Os movimentos, pelo contrário, mostraram que as massas politicamente neutras e indiferentes podiam facilmente constituir a maioria num país de governo democrático e que, portanto, uma democracia podia funcionar de acordo com regras reconhecidas ativamente apenas por uma minoria. A segunda ilusão democrática destruída pelos movimentos totalitários foi a de que essas massas politicamente indiferentes não importavam, que eram realmente neutras e constituíam apenas o silencioso pano de fundo para a vida política da nação.[15]

De um lado ficou claro que as regras instituídas nos países democráticos podiam ser reconhecidas ativamente apenas apenas por uma minoria; de outro, que a indiferença e a tolerância silenciosa das massas de fato importam ao destino da democracia e do país.

O declínio do sistema partidário, com o colapso do sistema de classes, consumou-se na Alemanha com a ascensão das massas desesperadas e insatisfeitas após a Primeira Guerra Mundial, quando à catástrofe da derrota militar se juntaram a inflação e o desemprego. Sem a proteção das classes, as "maiorias adormecidas" por trás de todos os partidos converteram-se em uma turba de indivíduos unidos unicamente pela convicção de que os partidos e seus líderes eram perniciosos e desonestos. O engajamento político das massas, organizado pelos líderes provenientes da ralé, não resultou de um abandono da indiferença motivado pelo in-

---

15 *Ibidem*, p. 312 (p. 362 da trad. bras.).

teresse nas questões públicas, mas da ira contra o que até então representava a vida política.

Em *A condição humana*, Hannah Arendt busca traduzir as principais implicações do engajamento das massas na política. Ainda que o furioso engajamento se dê após catástrofes como a da Primeira Guerra Mundial, as próprias massas não têm sua origem em tais catástrofes. Tal fenômeno teria suas raízes fincadas nas transformações históricas desencadeadas pela ascensão do capitalismo e o consequente advento da esfera social, sobre a qual me deterei no sexto capítulo, e de seu espraiamento voraz sobre o domínio público, a esfera privada e mesmo a intimidade. O máximo desenvolvimento deu-se com a consolidação das chamadas sociedades de massas. Com efeito, diz Arendt, o surgimento da sociedade de massas

> indica apenas que os vários grupos sociais foram absorvidos por uma sociedade única, tal como as unidades familiares antes deles; com o surgimento da sociedade de massas o domínio do social atingiu finalmente, após séculos de desenvolvimento, o ponto em que abrange e controla, igualmente e com igual força, todos os membros de uma determinada comunidade.[16]

Este espraiamento do social destrói a esfera pública, que, como mundo comum, cumpre a função de mantermo-nos juntos e ao mesmo tempo evitar que colidamos uns com os outros. Com o desaparecimento do mundo comum, os

---

16 *Idem, A condição humana*, p. 50.

homens são lançados uns contra os outros e constituem-se como massa.

A psicologia do homem de massa teria se desenvolvido na Europa com o colapso do sistema de classes, quando "a abnegação [*selflessness*], no sentido de não se importar consigo próprio, a sensação de ser descartável [*expendable*] não era mais a expressão do idealismo individual, mas um fenômeno de massa".[17] Este autoabandono, em flagrante oposição ao privatismo burguês, revelou-se potencialmente devastador. Se considerarmos que os líderes totalitários sempre comandam e se baseiam no apoio das massas e se tivermos em conta o sentimento de superfluidade do homem de massa podemos compreender a observação fundamental de Hannah Arendt a este respeito:

> os movimentos totalitários são possíveis onde quer que existam massas que por um motivo ou outro adquiriram o apetite para a organização política. As massas não se mantêm juntas pela consciência de um interesse comum e falta-lhes aquela específica articulação de classe que se expressa em metas determinadas, limitadas e atingíveis. O termo massas se aplica apenas onde lidamos com pessoas que, ou simplesmente por causa de seu número ou indiferença ou da combinação de ambos, não podem ser integradas em qualquer organização baseada no interesse comum, como partidos políticos, governos municipais, organizações profissionais ou sindicatos. Potencialmente, as massas existem em qualquer país e formam a maioria daquele grande número de pessoas neutras e politicamente indiferentes que nunca se filiam a um partido e raramente votam.[18]

---

17 Idem, *The origins of totalitarianism*, p. 315 (cf. trad. bras., p. 365).
18 *Ibidem*, p. 311 (p. 361 da trad. bras.).

CAPÍTULO 1 | VÍCIOS PRIVADOS, PREJUÍZOS PÚBLICOS

Importa a Arendt reiterar que líderes de massas como Hitler e Stalin provinham da ralé, e não das massas. Insiste que "o antigo partido de Hitler, composto quase exclusivamente de desajustados, fracassados e aventureiros, representava realmente os 'boêmios armados' que eram apenas o avesso da sociedade burguesa".[19] O caso de Heinrich Himmler era emblemático e interessava a Hannah Arendt de modo particular, como mais tarde interessaria também o caso Eichmann. Himmler era, por assim dizer, "mais normal", mais filisteu que qualquer outro chefe do partido. Distintamente de toda a sorte de criminosos e pervertidos que se tornaram líderes no regime totalitário, ele seria

> um "burguês", com toda a aparência de respeitabilidade, todos os hábitos de um bom páter-famílias, que não trai a esposa e procura ansiosamente garantir um futuro decente para seus filhos; e ele construiu conscientemente sua novíssima organização do terror, abrangendo todo o país, com base na hipótese de que a maioria das pessoas não é constituída nem de boêmios nem de fanáticos, nem de aventureiros nem de maníacos sexuais, nem de sádicos, mas antes de tudo de empregados e bons pais de família.[20]

Hannah Arendt, que parece sempre ter temido pecar mais por falta que por excesso, chega a afirmar então que o pai de família converteu-se no grande criminoso do século passado. O governo nazista fora uma organização burocrática cuidadosamente estruturada para absorver a solicitude

---

19 *Ibidem*, p. 317 (p. 317 da trad. bras.).
20 *Idem*, Culpa organizada e responsabilidade universal, p. 157.

do pai de família na realização de tarefas quaisquer que lhe fossem atribuídas, e para dissolver a responsabilidade pessoal em procedimentos de extermínio em que o perpetrador de um assassinato era apenas a extremidade de um grupo de trabalho. A despertar admiração e ternura em sua concentração no interesse dos seus, em sua consagração firme à mulher e aos filhos, em sua solicitude, obstinado com a segurança, esse tipo teria se tornado um aventureiro no caos econômico do período entre as guerras, sem qualquer possibilidade de se sentir seguro em relação ao futuro mais imediato. Para Hannah Arendt,

> a docilidade dessa figura já havia se manifestado no período inicial da "coordenação" (*Gleichschaltung*) nazista. Ficou evidente que esse tipo de homem, para defender sua aposentadoria, o seguro de vida, a segurança da esposa e dos filhos, se disporia a sacrificar suas crenças, sua honra e sua dignidade humana... A única condição que ele apresentava era ficar totalmente isento da responsabilidade por seus atos.[21]

Himmler organizara um sistema em que as pessoas normais, que nunca chegaram a matar por iniciativa própria um judeu sequer, mesmo com toda a propaganda antissemita, passaram a trabalhar sem restrição na máquina de extermínio.

A transformação do pai de família em alguém ocupado exclusivamente com as virtudes privadas foi um fenômeno internacional e não se deveria a algo como um caráter nacional alemão. Todavia, pode-se notar que o desenvolvimento

---

21 *Ibidem.*

CAPÍTULO 1 | VÍCIOS PRIVADOS, PREJUÍZOS PÚBLICOS 15

do moderno tipo de homem, "que é o oposto exato do 'cidadão' [*citoyen*] e que por falta de um nome melhor chamei de 'burguês', gozava de condições particularmente favoráveis na Alemanha. Dificilmente outro país da cultura ocidental estava tão pouco imbuído das virtudes clássicas da conduta cívica. Em nenhum outro país a vida privada e os cálculos privados desempenharam um papel tão importante".[22]

Os expurgos realizados pelos regimes totalitários, a maximizar trais traços distintivos, seriam justamente um teste para essa "completa digestão" da vida privada, não apenas por indicar quem tinha realmente condições de se pôr totalmente a serviço do movimento totalitário, mas também por revelar quem se dedicaria ao regime para além mesmo de suas próprias convicções. Um membro confiável do governo totalitário não é aquele que acredita no regime, mas somente aquele que não apenas sabe o suficiente ou é bem treinado o suficiente para não ter uma opinião, mas também que sequer sabe o que significa estar convencido de algo. Os constantes expurgos mostraram então, diz Arendt, "que o tipo ideal do funcionário totalitário é aquele que funciona não importa o que aconteça, que não tem vida de fora de sua função".[23] Esses homens, que vivem em uma sociedade

---

22 *Ibidem*, p. 158 e 159.
23 *Idem*, Humanidade e terror, p. 328. Em Culpa organizada e responsabilidade universal, p. 159, falando sobre o "burguês", o típico homem de massa funcionário da burocracia totalitária, Hannah Arendt afirma, não obstante, o seguinte: "ele levou tão longe a dicotomia entre funções públicas e funções privadas, entre profissão e família, que não consegue mais encontrar em sua própria pessoa qualquer ligação entre ambas. Quando sua profissão o obriga a assassinar pessoas, ele não se considera um assassino, pois não fez isso por

como se ela fosse um substituto adequado para Deus e tratam as leis como inalteráveis por obra humana, aquiescem à dominação de suas vidas por inteiro e se tornam membros úteis da sociedade. A forma de governo que mais bem se ajusta à sociedade é justamente a burocracia, cuja tirania repousa justamente no fato de ser o governo de ninguém.

Em 1944, em um texto sobre Kafka, Hannah Arendt aponta algumas das principais implicações da expansão da burocracia sobre todos os âmbitos da vida. Examinando a obra *O processo*, de F. Kafka, ela assinala o quanto o pesadelo ali construído, à época dele meramente um pesadelo, "representa adequadamente a natureza verdadeira da coisa chamada burocracia – a substituição do governo pela administração e das leis por decretos arbitrários".[24] O tipo de sociedade considerado no texto de Kafka, plenamente funcional, a ilustrar a completa digestão da vida privada pela função social, absorve o indivíduo de tal modo que sua própria existência só faz sentido se ele tem uma função e um emprego. Essa completa identificação dos indivíduos com seus empregos é bastante bem ilustrada pela frase de Adolf K. Eichmann, citada por Arendt 20 anos depois, por ocasião da derrota oficial da Alemanha: "senti que teria de viver uma vida individual difícil e sem liderança, não receberia diretivas de ninguém, nenhuma ordem nem comando me seriam mais dados, não haveria mais nenhum regulamento

---

inclinação, mas em sua competência profissional. Movido por pura paixão, nunca faria mal a uma mosca".

24 *Idem*, Franz Kafka: uma reavaliação, p. 101. Cf. *As origens do totalitarismo*, p. 276 e 277.

CAPÍTULO 1 | VÍCIOS PRIVADOS, PREJUÍZOS PÚBLICOS 17

pertinente para consultar – em resumo, havia diante de mim uma vida desconhecida".[25]

Hannah Arendt indica que "a força da maquinaria em que o K. de *O processo* é capturado reside precisamente nessa aparência de necessidade, de um lado, e na admiração das pessoas pela necessidade, de outro".[26] A analogia estabelecida por ela entre o pesadelo narrado por Kafka e a maquinaria burocrática tem em mira o poder anônimo de funcionários a serviço de leis pelas quais *ninguém* é propriamente responsável. Quando essa maquinaria social se expande e ocupa o lugar do governo e do Estado e se torna a única forma com que as pessoas têm regulada a sua convivência, vivencia-se esse governo de ninguém, por si claramente o domínio mais tirânico de todos.

Essa forma curiosa de domínio se impõe, com o imperialismo e em sua forma máxima com o regime totalitário, como uma nova forma de governo (*bureau*-cracia), ou ao menos uma nova forma de organização: "a burocracia, ou o domínio de um sistema intrincado de departamentos nos quais nenhum homem, nem um único nem os melhores, nem a minoria nem a maioria, pode ser tomado como responsável, e que deveria mais propriamente chamar-se domínio de Ninguém".[27] Não obstante, o governo pela burocracia não é idêntico ao governo totalitário, uma vez que sob o primeiro, ainda que houvesse uma irradiação cons-

---

25 *Idem, Eichmann em Jerusalém*, p. 43 e 44.
26 *Idem*, Franz Kafka: uma reavaliação, p. 97. Cf. *As origens do totalitarismo*, p. 278, nota 63, sobre *O Castelo*, de Kafka.
27 *Idem, Sobre a violência*, p. 33.

tante do governo e um controle dos destinos exteriores do indivíduo, se deixava fora de seu controle toda a sua vida privada e íntima. Sob o último, com efeito, ocorria a invasão na vida privada do indivíduo e em sua vida interior com igual brutalidade, com vistas a eliminar a espontaneidade individual e aditar à impotência política a esterilidade da existência individual e coletiva. Mas a burocracia é inteiramente solidária ao governo totalitário:

> as palavras do capelão da prisão em *O processo* revelam a fé dos burocratas como uma fé na necessidade, da qual eles mesmos mostram ser funcionários. Mas como um funcionário da necessidade, o homem se torna um agente da lei natural da ruína, com isso se degradando em uma ferramenta natural de destruição, a qual pode ser acelerada por meio do uso pervertido das capacidades humanas.[28]

O que se nota aqui, a partir das considerações de Hannah Arendt, é o quanto esta dedicação exclusiva à vida privada, às questões relacionadas à família e à carreira,

> foi o último e já degenerado produto da crença burguesa na primazia do interesse privado. (...) O homem de massa a quem Himmler organizou para os maiores crimes em massa jamais cometidos na história portava os traços do filisteu mais que do homem da ralé, e foi o burguês que em meio às ruínas de seu mundo se preocupava antes de tudo com sua segurança privada e estava pronto a sacrificar tudo – crença, honra, dignidade – à mais leve provocação. Nada se mostrou

---

28 *Idem*, Franz Kafka: uma reavaliação, p. 101.

mais fácil de destruir do que a privacidade e a moralidade privada de pessoas que pensavam unicamente em salvaguardar suas vidas privadas.[29]

A apatia resultante do individualismo burguês comprometia a cidadania dos membros da sociedade burguesa, mas mantinha intacta sua personalidade, ao menos no sentido de que permite que sobrevivam "na luta competitiva pela vida". Deste modo, o individualismo burguês acaba por operar como obstáculo aos movimentos totalitários, que não toleram o individualismo burguês ou qualquer outro. Não obstante, cabe acrescentar que a apatia burguesa e seu privatismo, aliada à hostilidade e ao desencantamento com o domínio político por parte das massas e da ralé – em grande parte subprodutos do estreitamento do espaço público e da participação, mas também da corrupção da representação política –, delineia o enredo de uma tragédia cujo desenlace é a fragilização do domínio público ante os ataques que lhe são desferidos.

Quando examina os elementos que se constituíram em precedentes da dominação total, Hannah Arendt reserva um espaço privilegiado ao exame do tipo representado pelo burguês, "na falta de nome melhor". O privatismo do burguês se afirmava de tal modo que desde que o Estado assegurasse as suas posses, e o processo que permitia o progressivo acúmulo de riqueza e propriedade, não despertaria qualquer resistência ou oposição por parte da burguesia como classe – "antes de serem súditos em uma monarquia

---

29 Idem, *The origins of totalitarianism*, p. 338 (p. 388 da trad. bras.).

ou cidadãos em uma república, eram essencialmente pessoas privadas". Nesse sentido, como assinala Hannah Arendt, "mais do que o último estágio do capitalismo, o imperialismo deve ser considerado o primeiro estágio do domínio político da burguesia".[30] A burguesia fora a primeira classe social a alcançar poder econômico sem requerer o poder político correspondente. Quando seus membros ingressaram na vida política, o fizeram justamente por concluírem que o poder econômico fundado na expansão não poderia se afirmar sem a concomitante exportação de poder político. Como indicarei no próximo capítulo, quando se ocupa das questões que concernem a muitos visam ainda apenas seu interesse privado – o paroxismo de sua abnegação é o interesse coletivo, que jamais se transfigura em público. Para esses indivíduos, que se compreendiam antes de tudo como pessoas privadas e são ainda hoje pouco raros, o Estado sempre representou apenas uma força policial bem organizada.

Comecei este capítulo com *A fábula das abelhas*, de Mandeville, e gostaria de concluir com um trecho de *As origens do totalitarismo*, que lhe faz indireta alusão. Com a emancipação política da burguesia,

> os interesses privados, que por sua própria natureza, são temporários, limitados pelo período natural de vida do homem, agora podem fugir para a esfera dos assuntos públicos e tomar-lhe emprestado aquela infinita duração de tempo necessária para a acumulação contínua. Isto parece criar uma sociedade muito semelhante àquela das formigas e abelhas, onde "o bem

---

30 *Ibidem*, p. 138 (p. 168 da trad. bras.).

CAPÍTULO 1 | VÍCIOS PRIVADOS, PREJUÍZOS PÚBLICOS

Comum não difere do Privado; e sendo por natureza inclinadas para o benefício privado, elas procuram consequentemente o benefício comum". Não obstante, uma vez que os homens não são nem formigas nem abelhas, tudo isto é uma ilusão. A vida pública assume o aspecto enganoso de uma soma de interesses privados, como se estes interesses pudessem criar uma nova qualidade mediante a mera adição.[31]

---

31 *Ibidem*, p. 145 (p. 175 da trad. bras.).

2

O LIBERALISMO E A PREVALÊNCIA DO ECONÔMICO: ARENDT E FOUCAULT

> O que protege a liberdade é a divisão entre poder econômico e poder governamental, ou, na linguagem de Marx, o fato de que o Estado e sua constituição não são superestruturas.[1]
>
> *Hannah Arendt*

Em *A condição humana* (1958), quando Hannah Arendt se pergunta pelas razões que poderiam fornecer explicação para a vitória, nos primórdios da modernidade, do *animal laborans*, o trabalhador-consumidor, sobre o *homo faber*, o produtor-utilizador cujas características são definidoras de aspectos centrais do caráter da era moderna, ela se refere a um trecho da obra *Uma investigação sobre os princípios da moral (An inquiry concerning the principles of morals* [1751]), de David Hume, o mesmo ao qual Michel Foucault recorre no curso *Nascimento da biopolítica*, em 1979, quando está a introduzir o conceito de *homo oeconomicus*. Não penso que isso seja coincidência, ainda que salte à vista o fato de que tanto Arendt quanto o editor do curso ministrado por Foucault, Michel Senellart, em um intervalo de 50 anos, recolham o texto de Hume da obra clássica de Elie

---

1 H. Arendt, Reflexões sobre política e revolução, p. 183.

Halévy sobre o utilitarismo, intitulada *A formação do radicalismo filosófico* (1901).[2]

No primeiro apêndice à obra humeana mencionada, no qual Hume se empenha principalmente para indicar a prioridade do sentimento moral com relação à razão na definição dos fins últimos da ação humana – ou a capacidade de a razão determinar antes meios que fins –, encontramos o exemplo citado por Arendt e Foucault:

> Pergunte a um homem *por que ele faz exercícios*, ele responderá: *porque deseja conservar sua saúde*. Se indagares então *por que ele deseja a saúde*, ele replicará prontamente: *porque a doença é dolorosa*. Se insistires em saber mais e desejares uma razão *pela qual ele odeia a dor*, é impossível que ele possa apresentar alguma. Isso é um fim último, que nunca se reporta a qualquer outro objeto.[3]

Vale a pena mencionar, em todo caso, que Arendt e Foucault, como Halévy, deixam de citar o prosseguimento do texto, no qual Hume aventa uma hipótese adicional:

> Talvez, à tua segunda questão, *por que deseja a saúde?*, ele pudesse também responder que *ela é necessária para o exercício*

---

2 E. Halévy, *La formation du radicalisme philosophique*. Paris: F. Alcan, 1901 (*La formation du radicalisme philosophique*. Ed. M. Canto-Sperber. Paris: PUF, 1995. 3 vols.). Citarei sempre da edição em inglês utilizada por Hannah Arendt, de 1928, constante na bibliografia.

3 D. Hume, *Moral philosophy*, p. 273. Grifos no original. Conferir Hannah Arendt, *A condição humana*, p. 384, e Michel Foucault, *O nascimento da biopolítica* – curso dado no Collège de France (1978 e 1979), p. 371 e 391 e 392, nota 14.

de sua profissão. E se perguntas *por que ele está preocupado com isso*, responderá que é *porque deseja ganhar dinheiro.* E se perguntar *por quê?*, ele dirá que *é o instrumento do prazer.* E para além disso é um absurdo pedir uma razão.[4]

Que Arendt deixe de citar esse trecho pode ser compreendido tanto por não parecer ter recorrido ao texto original de Hume quanto por sua hipótese de que "a dor é o único sentido interior encontrado pela introspecção que pode rivalizar, em sua independência com relação a objetos experienciados, com a certeza autoevidente do raciocínio lógico e aritmético",[5] pois, ao contrário do prazer, que depende de objetos externos, ao sentirmos dor sentimos apenas a nós mesmos.

Hume conduz ao extremo a hipótese de que a definição última dos fins da ação tem lugar na paixão e no sentimento, e não na razão, ao afirmar que

> quando a paixão nem é fundada em falsos pressupostos nem escolhe meios insuficientes para o fim, o entendimento não pode justificá-la nem condená-la. Não é contrário à razão eu preferir a destruição do mundo inteiro a um arranhão no meu dedo. Não é contrário à razão, para mim, preferir minha total ruína para evitar o menor sofrimento para um índio ou para um homem inteiramente desconhecido.[6]

A grande revolução representada pelo "cálculo da dor e do prazer", de Jeremy Bentham, no mundo utilitário do

---

4   D. Hume, *Moral philosophy*, p. 273. Grifos no original.
5   H. Arendt, *A condição humana*, p. 388.
6   D. Hume, *A treatise of human nature*, p. 416.

homo faber consistiu na derivação de seu princípio de utilidade não da noção de uso, mas das de felicidade e ventura. Os modernos, distintamente dos antigos, que confiavam na imaginação e na memória, "necessitavam do cálculo do prazer ou da contabilidade moral puritana de méritos e transgressões para chegar a alguma ilusória certeza matemática de felicidade ou de salvação".[7]

Enquanto as mais variadas formas de hedonismo, entre os antigos, baseavam-se em uma fuga do que o mundo pode representar de dor e infortúnio para a segurança de uma interioridade a relacionar-se estritamente consigo mesma, o hedonismo moderno desconfia de modo igualmente profundo do homem como tal e assume como ponto de partida a "deficiência ou mesmo depravação da natureza humana". Em todo caso, diz Arendt, é difícil dizer se essa depravação, que não tem origem cristã ou bíblica, "é mais nociva e repugnante quando os puritanos denunciam a corrupção do homem ou quando os benthamianos impudentemente aclamam como virtude aquilo que os homens sempre conheceram como vício".[8]

Halévy observa que "a ideia de que o egoísmo é, se não a exclusiva, ao menos a inclinação predominante da natureza humana foi ganhando terreno com os moralistas do século XVIII",[9] na Inglaterra. E se Hume admitiu que tal observação era verdadeira ao menos na política, Bentham acaba

---

7 H. Arendt, *A condição humana*, p. 385.
8 *Ibidem.*
9 *The growth of philosophical radicalism*, p. 14. Cf. H. Arendt, *A condição humana*, p. 383.

CAPÍTULO 2 | O LIBERALISMO E A PREVALÊNCIA DO ECONÔMICO: ARENDT E FOUCAULT 27

por transformar o utilitarismo em um egoísmo universalizado. Como seu objetivo, e de todos os filósofos utilitaristas, consistia, para Halévy, em "estabelecer a moral como uma ciência exata [...], buscou isolar na alma humana aquele sentimento que parece ser o mais facilmente mensurável", seguramente não o de empatia ou benevolência. E dentre as paixões egoístas a mais mensurável é justamente o "interesse pecuniário", e não é outra a razão de "a economia política, a 'dogmática do egoísmo', ser talvez a mais famosa das aplicações do princípio de utilidade".[10]

Tais pressupostos apoiam-se na tese da "identidade natural de interesses", de acordo com a qual, dada a predominância de motivos egoístas na natureza humana e dada a sobrevivência da espécie, "é necessário admitir que os vários egoísmos harmonizam-se por si próprios e automaticamente geram o bem das espécies".[11] Isso já havia sido antecipado por Mandeville, que se orgulhava por ter ousado indicar pioneiramente que não são as qualidades amistosas ou boas afecções que nos tornam sociáveis, mas o que é considerado mal nos âmbitos moral e natural – a saber, o egoísmo. Os utilitaristas, entretanto, ousam outro passo, criticando Mandeville tendo ainda em conta a tese da identidade natural de interesses: se o egoísmo é útil, por que seguir concebendo-o como um vício?

Para Arendt, sob as muitas variações "da sacralidade do egoísmo e poder ubíquo do interesse próprio", então lugares comuns,

---

10 *The growth of philosophical radicalism*, p. 15.
11 *Ibidem.*

encontramos outro ponto de referência que realmente constitui um princípio muito mais poderoso que nenhum cálculo dor-prazer jamais poderia proporcionar: o princípio da própria vida. O que realmente se esperava que a dor e o prazer, o medo e o desejo alcançassem em todos esses sistemas não era de forma alguma a felicidade, mas a promoção da vida individual ou a garantia da sobrevivência da humanidade. Se o moderno egoísmo fosse, como pretende ser, a implacável busca de prazer (ao qual chama de felicidade), não careceria daquilo que, em todos os sistemas verdadeiramente hedonistas, é um elemento indispensável à argumentação: uma radical justificação do suicídio. Essa carência é suficiente para indicar que, na verdade, estamos lidando com uma filosofia de vida em sua forma mais vulgar e menos crítica. Em última análise, a vida mesma é o critério supremo ao qual tudo mais se reporta, e os interesses do indivíduo, bem como os interesses da humanidade, são sempre equacionados com a vida individual ou a vida da espécie, como se fosse óbvio que a vida é o bem supremo.[12]

No contexto em que menciona a anedota de Hume também citada por Arendt, Foucault está interessado em fornecer, ainda que precariamente, uma história do *homo oeconomicus*, a partir do empirismo inglês e da sua teoria do sujeito. Foucault complementa suas considerações sobre a concepção dessa teoria do sujeito, compreendido "como sujeito das opções individuais ao mesmo tempo irredutíveis e intransmissíveis", com a imagem humeana mencionada: "não é contrário à razão eu preferir a destruição do mundo inteiro a

---

12 H. Arendt, *A condição humana*, p. 386 e 387.

CAPÍTULO 2 | O LIBERALISMO E A PREVALÊNCIA DO ECONÔMICO: ARENDT E FOUCAULT 29

um arranhão no meu dedo".[13] Opções irredutíveis, portanto, porque a opção entre o doloroso e o não doloroso não se constitui como uma real opção, mas como uma espécie de, em suas palavras, "limitador regressivo na análise".[14] Intransmissíveis, por fim, porque mesmo quando prefiro sofrer algo por outrem é ainda meu próprio interesse que está em jogo: em suma, seria mais dolorosa a dor desse alguém em mim que a dor que eu mesmo sinto em seu lugar.

A real novidade, para Foucault, é o surgimento, a partir do empirismo inglês, da noção de um sujeito de interesses, ou lugar de uma mecânica de interesses. Ocorre que, na medida em que "o interesse aparece como um princípio empírico de contrato",[15] em que se buscou no interesse a motivação originária do contrato social, como assinalam Hume e o jurista Blackstone, cabe indagar acerca de quão assimiláveis são o interesse e a vontade jurídica. O mais significativo, diz Foucault, é que o respeito ao contrato não provém de uma transfiguração ou substituição do sujeito de interesse pelo sujeito de direito. Não é a obrigação que faz a obediência, mas o interesse em que haja contrato. O sujeito de interesse "extrapola permanentemente o sujeito de direito" e subsiste enquanto existe lei ou contrato; mais que isso, "em relação à vontade jurídica, o interesse constitui um irredutível".[16] De modo análogo, o sujeito de direito é fundamentalmente aquele que, mesmo supostamente detentor de direitos natu-

---

13 Michel Foucault, *O nascimento da biopolítica* – curso dado no Collège de France (1978 e 1979), p. 392, nº 15.
14 *Ibidem*, p. 371.
15 *Ibidem*, p. 373.
16 *Ibidem*, p. 374.

rais, aceita a renúncia em nome da instauração do direito. O mesmo não se dá com o sujeito de interesse, cuja mecânica é a do egoísmo e cujo imperativo é a busca incessante e maximizada do próprio interesse, pois se trata de

> uma mecânica imediatamente multiplicadora, uma mecânica sem transcendência nenhuma, em que a vontade de cada um vai se harmonizar espontaneamente e como que involuntariamente à vontade e ao interesse dos outros [...] O mercado e o contrato funcionam exatamente ao contrário um do outro, e têm-se na verdade duas estruturas heterogêneas uma à outra.[17]

O *homo oeconomicus* caracteriza-se justamente, na análise do empirismo e da economia nascente, como um sujeito de interesse cuja ação egoísta, multiplicadora e benéfica é valorosa na mesma medida em que intensifica o interesse próprio. Com isso em vista, Foucault indica o quanto o *homo oeconomicus* não apenas não se deixa transfigurar na imagem do *homo juridicus* como também lhe é inteiramente heterogêneo. O liberalismo constituiu-se assumindo como pressuposto essa heterogeneidade, ou a "incompatibilidade essencial entre, por um lado, a multiplicidade não totalizável dos sujeitos de interesse, dos sujeitos econômicos e, por outro lado, a unidade totalizante do soberano jurídico".[18]

A multiplicidade dos sujeitos de interesse não é totalizável justamente porque escapa a cada agente econômico qualquer imagem de um interesse comum ou bem coletivo.

---

17 *Ibidem*, p. 375 e 376.
18 *Ibidem*, p. 384.

CAPÍTULO 2 | O LIBERALISMO E A PREVALÊNCIA DO ECONÔMICO: ARENDT E FOUCAULT 31

O princípio de invisibilidade, notável na obra de Adam Smith, assenta-se na hipótese de que, uma vez que não se pode calcular o que seria um bem coletivo, sua busca é tanto infundada quanto danosa. Ocorre que não apenas o agente econômico não é capaz de mobilizar sua racionalidade para além da sua conduta atomística, também ao soberano é vedado o conhecimento da mecânica da identidade natural de interesses, de modo que "o poder político não deve intervir nessa dinâmica que a natureza inscreveu no coração do homem".[19] Com efeito, nota ainda Foucault, "a economia política de Adam Smith, o liberalismo econômico, constitui uma desqualificação desse projeto político de conjunto e, mais radicalmente ainda, uma desqualificação de uma razão política que seria indexada ao Estado e à sua soberania".[20]

A invisibilidade da mecânica harmonizadora dos interesses justifica tanto a interdição de toda pretensa prevalência de um bem público sobre os propósitos individuais quanto o axioma de que não há soberano econômico, e por conta disso a ignorância econômica do soberano político o desqualifica politicamente na relação com o mercado, mas não apenas aí. Na interdição à intervenção é a própria noção de soberania que é posta em questão, portanto, na medida em que produz no soberano uma incapacidade essencial.

Em seu estudo recente intitulado *O reino e a glória*, cujo subtítulo é "Por uma genealogia teológica da economia e do governo", Giorgio Agamben declara espantar-se com a

---

19 *Ibidem*, p. 381.
20 *Ibidem*, p. 386.

ausência de consideração da parte de Foucault do tema da providência, justamente porque, julga Agamben,

> *providência é o nome da* "oikonomía", *na medida em que esta se apresenta como governo do mundo.* Se a doutrina da *oikonomía* e a da providência que dela depende podem ser vistas nesse sentido como máquinas para fundar e explicar o governo do mundo, e só assim se tornam plenamente inteligíveis, também é verdade que, inversamente, o nascimento do paradigma governamental só se torna compreensível quando o situamos ante o pano de fundo "econômico-teológico" da providência em relação ao qual se mostra solidário.[21]

Para Agamben, é necessário não elidir o quanto a moderna ciência da economia e do governo se constituíram a partir de um paradigma elaborado antes no horizonte da *oikonomía* teológica, algo que poderia ser atestado já de início na convicção econômica de que há uma ordem natural no mundo, ou uma ordem natural impressa nas coisas, análoga à providência por meio da qual se dá o governo divino do mundo. "A economia política constitui-se, portanto, como racionalização social da *oikonomía* providencial",[22] e o testemunho maior dessa vinculação genética pode ser encontrado na imagem da "mão invisível", tão cara a Adam Smith, cuja origem teológica é retraçada por Agamben, de Agostinho a Bossuet, no âmbito do governo divino do mundo. Em todo caso, mais importante é notar que no escopo de uma definição dos contornos da providência divina é central,

---

21 Giorgio Agamben, *O reino e a glória*, p. 127 e 128. Grifos no original.
22 *Ibidem*, p. 306.

CAPÍTULO 2 | O LIBERALISMO E A PREVALÊNCIA DO ECONÔMICO: ARENDT E FOUCAULT   33

para a analogia com o governo, a constatação de que *"Deus fez o mundo como se este fosse sem Deus e o governa como se este governasse a si mesmo"*.[23] Nisto está o núcleo da arte liberal de governar, para ele – embora claramente não para Foucault.

Ao contrário do sujeito de direito, "o *homo oeconomicus* não se contenta com limitar o poder do soberano. Até certo ponto, ele o destitui", na medida em que o soberano "poderá mexer em tudo, menos no mercado".[24] O *homo oeconomicus*, nota Foucault, lança o poder soberano em uma aporia: "a arte de governar deve se exercer num espaço de soberania – e isso é o próprio Estado de direito que diz –, mas a chatice, o azar ou o problema é que o espaço de soberania é habitado por sujeitos econômicos".[25] Uma vez que o soberano não pode governar o *homo oeconomicus*, a governamentalidade só pode ser garantida em um novo campo, no qual se poderá conceber a imagem bizarra de sujeitos de direito que são ao mesmo tempo sujeitos econômicos. Esse novo campo, para Foucault, é a sociedade civil.

A sociedade civil e o *homo oeconomicus* são parte do mesmo conjunto constituído pela tecnologia da governamentalidade liberal. Para Foucault, é a sociedade civil, como "correlativo de uma tecnologia de governo cuja medida racional deve indexar-se juridicamente a uma economia entendida como processo de produção e de troca", que operará

---

23 *Ibidem*, p. 310. Grifos no original.
24 Michel Foucault, *O nascimento da biopolítica* – curso dado no Collège de France (1978 e 1979), p. 398 e 399, respectivamente.
25 *Ibidem*, p. 401.

como solução da aporia posta pela necessidade soberana de governar os ingovernáveis sujeitos econômicos: assim, "um governo a que nada escapa, um governo que obedece às regras do Direito, mas um governo que respeita a especificidade da Economia, será um governo que administrará a sociedade civil, a nação, a sociedade, que administrará o social", em suma. A sociedade civil não é, portanto, uma realidade primeira e imediata, mas, nota Foucault, o correlativo da tecnologia liberal de governo, "uma tecnologia de governo que tem por objetivo sua própria autolimitação, na medida em que é indexada à especificidade dos processos econômicos".[26]

Cabe assinalar, não obstante, que apenas nesse ponto temos condições de compreender a afirmação de Foucault de que

> o *homo oeconomicus* é, do ponto de vista de uma teoria do governo, aquele em que não se deve mexer. Deixa-se o *homo oeconomicus* fazer. É o sujeito ou o objeto do *laissez-faire*. É, em todo caso, o parceiro de um governo cuja regra é o *laissez-faire* [...]. O *homo oeconomicus* é aquele que é eminentemente governável. De parceiro intangível do *laissez-faire*, o *homo oeconomicus* aparece agora como o correlativo de uma governamentalidade que vai agir sobre o meio e modificar sistematicamente as variáveis do meio.[27]

Na medida em que "o *homo oeconomicus* é aquele que aceita a realidade", cuja conduta é racionalmente ajustada

---

26 *Ibidem*, p. 402, 403 e 404, respectivamente.
27 *Ibidem*, p. 369.

CAPÍTULO 2 | O LIBERALISMO E A PREVALÊNCIA DO ECONÔMICO: ARENDT E FOUCAULT 35

às variações do meio, é encurtada a distância entre economia e psicologia ou entre a ciência econômica e o comportamentalismo. Como declarou nos anos 1930 o economista britânico Lionel C. Robbins, um dos precursores do neoliberalismo, "a economia é ciência do comportamento humano, a ciência do comportamento humano como uma relação entre fins e meios raros que têm usos mutuamente excludentes".[28] Com isso, diz Foucault, "a economia já não é, portanto, a análise da lógica histórica de processo, é a análise da racionalidade interna, da programação estratégica da atividade dos indivíduos".[29] As implicações políticas desse novo cenário na arte de governar merecem um exame maior do que o que pode ser o caso aqui, mas se encontra entre os principais objetivos visados com ele.

Arendt fornece uma versão alegórica anversa do aceitar a realidade quando, ao comentar a obra de Isak Dinesen, menciona a geração dos rapazes

> que a Primeira Guerra Mundial tornara para sempre incapazes de suportar as convenções e cumprir com as obrigações da vida cotidiana, de seguir suas carreiras e desempenhar seus papéis em uma sociedade que os entediava a ponto de enlouquecê-los. Alguns se tornaram revolucionários e viviam na terra dos sonhos do futuro; outros, pelo contrário, escolheram o país dos sonhos do passado e viviam como se "o deles... fosse um mundo que não mais existia". Juntos, partilhavam do credo fundamental de que "não pertenciam ao seu século". (*Em linguagem política, pode-se dizer que eram*

---

28 *Apud ibidem*, p. 306.
29 *Ibidem*, p. 307.

antiliberais, na medida em que o liberalismo significava a acei-
tação do mundo tal como era, juntamente com a esperança em
seu "progresso"; os historiadores sabem até que ponto coinci-
dem as críticas conservadora e revolucionária ao mundo da
burguesia.)[30]

Por fim, passarei a analisar brevemente a imagem do
homo oeconomicus tal como foi apreendida no neoliberalismo americano, no qual as imagens mais extremas de uma
vida organizada economicamente sempre pode atingir o
paroxismo. Como observa Foucault, mais que uma alternativa técnica de governo "o liberalismo é, nos Estados Unidos, toda uma maneira de ser e de pensar. É um tipo de relação entre governantes e governados, muito mais que uma
técnica dos governantes em relação aos governados" e deve
ser concebido, portanto, como assinala Hayek, menciona-
do por ele, "como estilo geral de pensamento, de análise e
de imaginação".[31]

Foucault analisa elementos aos quais designa ao mesmo
tempo como "métodos de análise e tipos de programação"
na concepção liberal americana: de um lado, o programa da
análise da criminalidade e da delinquência, de outro a teoria
do capital humano. Por conta de nossos propósitos nesse
plano de investigação, notadamente no que tange à aproxi-
mação com as análises de Hannah Arendt em *A condição*
humana, deter-me-ei brevemente apenas nessa última. O
primeiro passo dado pelos neoliberais na direção de uma

---

30 H. Arendt, "Isak Dinesen: 1885-1963", p. 91-92. Grifo meu.
31 Michel Foucault, *O nascimento da biopolítica* – curso dado no Collège de
France (1978 e 1979), p. 301 e 302, respectivamente.

teoria do capital humano consiste na reintrodução do trabalho no campo da análise econômica, analisado na economia clássica, consoante à crítica neoliberal, basicamente em termos de tempo gasto e força empregada – claro que passam ao largo da obra de Marx. Trata-se, para os neoliberais, antes de tudo de saber o lugar do trabalho na relação com o capital e a produção, consoante o problema central de

> saber como quem trabalha utiliza os recursos de que dispõe. Ou seja, será necessário, para introduzir o trabalho no campo da análise econômica, situar-se do ponto de vista de quem trabalha; será preciso estudar *o trabalho como conduta econômica*, como conduta econômica praticada, aplicada, racionalizada, calculada por quem trabalha.[32]

Trata-se, ao mesmo tempo, de tratar o trabalhador como um sujeito econômico ativo e o trabalho como expediente de geração de uma renda. Mas uma renda é o rendimento de um capital e um capital é tudo o que pode ser fonte de uma renda futura. Por conseguinte, diz Foucault,

> o salário é uma renda, o salário é, portanto, a renda de um capital. Ora, qual é o capital de que o salário é a renda? Pois bem, é o conjunto de todos os fatores físicos e psicológicos que tornam uma pessoa capaz de ganhar este ou aquele salário, de sorte que, visto do lado do trabalhador, o trabalho não é uma mercadoria reduzida por abstração à força de trabalho e ao tempo [durante] o qual ela é utilizada. Decomposto do ponto de vista do trabalhador, em termos econômicos, o tra-

---

32 *Ibidem*, p. 307. Grifo meu.

balho comporta um capital, isto é, uma aptidão, uma competência; como eles dizem: é uma "máquina". E, por outro lado, é uma renda, isto é, um salário ou, melhor ainda, um conjunto de salários; como eles dizem: um fluxo de salários.[33]

O trabalho é assim decomposto em capital e renda, com a decorrência de que a competência do trabalhador para o trabalho forma um todo com o trabalhador, compreendido como uma máquina a produzir fluxos de renda. Quando trabalha, portanto, consoante essa interpretação, o trabalhador não está a vender sua força de trabalho, e a ser expropriado, mas a investir seu capital-competência com vistas a uma futura renda-salário. Se quisermos, ele investe a si mesmo, como um capital, uma empresa para si mesmo, como se detivesse a si mesmo como quem está em posse dos meios de produção. Com a teoria do capital humano, nota Foucault, o *homo oeconomicus* é reposto e consideravelmente deslocado. Pois o *homo oeconomicus* clássico é o parceiro da troca, e sua noção de utilidade não se dissocia da problemática das necessidades. No neoliberalismo o *homo oeconomicus* é compreendido como "empresário de si mesmo, sendo ele seu próprio capital, sendo para si mesmo seu produtor, sendo para si mesmo a fonte de [sua] renda".[34] E não se tratam mais de interesses e necessidades, mas de consumidor e consumo, e do consumidor como produtor.

---

33 *Ibidem*, p. 308.
34 *Ibidem*, p. 311.

CAPÍTULO 2 | O LIBERALISMO E A PREVALÊNCIA DO ECONÔMICO: ARENDT E FOUCAULT **39**

O homem do consumo, na medida em que consome, é um produtor. Produz o quê? Pois bem, produz simplesmente sua própria satisfação. E deve-se considerar o consumo como uma atividade empresarial pela qual o indivíduo, a partir de certo capital de que dispõe, vai produzir uma coisa que vai ser sua própria satisfação [...]. Logo, chega-se à ideia de que o salário não é nada mais que a remuneração, que a renda atribuída a certo capital, capital esse que vai ser chamado de capital humano na medida em que, justamente, a competência-máquina de que ele é a renda não pode ser dissociada do indivíduo humano que é seu portador.[35]

Não pode soar senão extravagante a hipótese de Geroffroy de Lagasnerie, no livro *A última lição de Foucault*, de que o interesse de Foucault pelo liberalismo e pelo neoliberalismo seria uma decorrência de sua "busca" por uma teoria e uma prática radicais não-marxistas. Nessa obra, que desfrutou aqui e alhures de uma notoriedade inversamente proporcional ao vigor de sua hipótese, busca-se estabelecer um vínculo entre neoliberalismo e pensamento crítico a partir da análise da objeção neoliberal a toda forma de governo que não aquela demanda mínima de regulação da competição no mercado. Para o autor, a "última lição de Foucault" consistiria na indicação do caráter potencialmente emancipatório do neoliberalismo. Tal hipótese encontra sua ruína já na caracterização do *homo oeconomicus* do neoliberalismo por Foucault – como sendo aquele que aceita a realidade e, também por isso, é eminentemente governável –, e só vale a pena ser mencionada pelo intenso ruído que desencadeou.

---

35 *Ibidem*, p. 310311.

O *homo oeconomicus* do neoliberalismo, empresário de si mesmo, traduz a paroxística forma de vida da servidão voluntária, sem que isso constitua qualquer paradoxo.

Seguramente o liberalismo, mesmo em sua figuração neoliberal, é mobilizado por um princípio de inquietação com o governo político, na medida em que coloca permanentemente a questão sobre o muito governar, o que acaba por estabelecer uma tensão permanente entre governantes e governados. O potencial crítico dessa inquietação e dessa tensão possivelmente se revelaria apenas se considerássemos a ambivalência da tradição liberal, em suas dificilmente conciliáveis vertentes econômica e política, mas esse tema não vem claramente à tona na análise de Foucault. Maurizio Lazzarato chega a afirmar – em um texto recente em que assume como pano de fundo a atual crise financeira na Europa – que "o governo neoliberal opera uma centralização e uma multiplicação das técnicas autoritárias de governo que rivalizam com as políticas dos Estados ditos totalitários ou 'planificadores'".[36] Talvez também não haja elementos suficientes nos textos de Foucault para sustentar tal equiparação, mas seguramente ele tem razão ao conceber liberalismo e neoliberalismo como formas primevas de subjetivação do capitalismo de Estado. Tem razão ainda Cesar Candiotto ao indicar que "Foucault sublinha que na racionalidade biopolítica neoliberal as técnicas governamentais facultam aos indivíduos se subjetivarem como seres livres, mas desde que se sintam seguros. O problema é que para sentir-se seguro o indivíduo pode intervir sem co-

---

36 *Naissance de la biopolitique*, à la lumière de la crise, p. 53.

erções somente num determinado espaço já moldado pelos dispositivos de segurança".[37] Reverbera assim a seguinte consideração de Foucault:

> A nova arte governamental vai se apresentar, portanto, como gestora da liberdade [...]. O liberalismo, no sentido em que eu o entendo, esse liberalismo que podemos caracterizar como a nova arte de governar formada no século XVIII, implica em seu cerne uma relação de produção/destruição [com a] liberdade [...]. É necessário, de um lado, produzir a liberdade, mas esse gesto mesmo implica que, de outro lado, se estabeleçam limitações, controles, coerções, obrigações apoiadas em ameaças etc.[38]

Nas seções finais da obra *A condição humana*, Arendt examina a substituição do princípio de utilidade, que teria prevalecido nos primórdios da modernidade, pelo princípio da felicidade, enfim vencedor. Com o princípio de utilidade inicialmente estava em questão a completa instrumentalidade das coisas no mundo, cujo valor era definido por sua condição de meio para propósitos ulteriores, e assim sucessivamente. Ainda que tenha como ponto de referência o homem, o princípio de utilidade "ainda pressupõe um mundo de objetos de uso em torno do homem".[39] Quando Bentham considerou esse princípio insuficiente e derivou seu princípio de felicidade do princípio de utilidade, mas

---

37 Foucault: biopoder, biopolítica e governamentalidade, p. 50.
38 *O nascimento da bipolítica* – curso dado no Collège de France (1978 e 1979), p. 86 e 87.
39 H. Arendt, *A condição humana*, p. 382.

separado da noção de uso, resultou que "o padrão último de medida não é de forma alguma a utilidade e o uso, mas a 'felicidade', isto é, a quantidade de dor e prazer experimentada na produção ou no consumo das coisas".[40] Com o valor deslocado das coisas para a interioridade das sensações no ego, a resultante alienação do mundo promove não apenas a universalização do egoísmo de que fala Arendt ao citar novamente Halévy, mas ainda a liberação e dignificação de afetos puramente subjetivos.

O interesse de Hannah Arendt por uma fenomenologia da *vita activa* é motivado pela tentativa de compreender os vínculos da tradição do pensamento político e da história política ocidentais, notadamente modernos, com o declínio do domínio público, assim como a perda de especificidade e o virtual desaparecimento das atividades propriamente políticas da ação e do discurso. Tal declínio da política teria pavimentado o caminho para a dominação totalitária, mediante a promoção de um modo de vida radicalmente antipolítico, o do trabalhador-consumidor. Em resposta à convicção generalizada, notadamente liberal, de que o totalitarismo era a perfeita tradução da infinidade de danos associados ao excesso de política, Arendt insiste em indicar que o fenômeno totalitário traduz a morte da política, e que a facilidade da sua ascensão e da sua instauração era o sintoma mais evidente da fragilidade de uma política estruturada em torno do propósito de proteger a vida e o processo de acumulação de recursos para sua conservação, seu fomento e a ampliação do espectro das necessidades humanas. Não

---

40 *Ibidem*, p. 383.

CAPÍTULO 2 | O LIBERALISMO E A PREVALÊNCIA DO ECONÔMICO: ARENDT E FOUCAULT **43**

se tratava, portanto, de excesso de política, mas de falta. Não é outra a razão de ela ter afirmado jamais ter sido liberal ou ter acreditado no liberalismo[41] e que, a despeito do nome,

> [o liberalismo] contribuiu para banir a noção de liberdade do âmbito político. Pois a política, de acordo com a mesma filosofia, tem de se ocupar quase que exclusivamente com a manutenção da vida e a salvaguarda de seus interesses. Ora, onde a vida está em questão, toda ação se encontra, por definição, sob o domínio da necessidade, e o âmbito adequado para cuidar das necessidades vitais é a gigantesca e ainda crescente esfera da vida social e econômica, cuja administração tem obscurecido o âmbito político desde os primórdios da época moderna.[42]

Não deixa de ser curioso, portanto, que seja reclamada sem ponderação a filiação de Arendt à tradição do liberalismo, na contramão de suas próprias objeções à prevalência do privado sobre o público – seja na forma da livre iniciativa seja na defesa da restrição da política ao governo limitado garantidor dos direitos civis.

Para Arendt e para Foucault, a despeito de diferenças não negligenciáveis, notadamente em seus pontos de partida e ferramentas de análise, está em jogo mais que a progressiva imbricação histórica de dois âmbitos que notavelmente não são idênticos – o político e o econômico. Trata-se ainda da recusa da concepção de que a liberdade se traduz na

---

41 *Idem*, Sobre Hannah Arendt, p. 157. Cf. ainda, The last interview (by Roger Errera), p. 121-123.

42 *Idem*, O que é liberdade?, p. 202.

conduta do sujeito de interesses que busca realizar os propósitos emanantes da sua vontade mediante o emprego de uma razão calculadora. Tal concepção, a situar a liberdade na vontade operativa e não no desempenho mesmo da ação junto a outros não pode se dissociar da compreensão da liberdade como soberania. Como bem observa Bell,

> para Foucault a prática da liberdade é um exercício para fazer aparecer o si-mesmo [self]; não é um ato cognitivo de vontade, mas é intencional. Tal liberdade não repousa em um sujeito que concebe e deseja um futuro particular, mas em um sujeito que é engajado no presente, porque ele/ela está aberto ao futuro como desconhecido. De modo análogo, para Arendt a possibilidade de ação é a possibilidade de estabelecer uma nova realidade, e onde a ação interrompe o automatismo da vida é o inesperado, um "milagre", uma improbabilidade, que constitui a "tessitura" da realidade.[43]

---

43 The promise of liberalism and the performance of freedom, p. 91.

3

DO USO AO CONSUMO: ALIENAÇÃO E PERDA DO MUNDO

O fato é que uma sociedade de consumo não pode absolutamente saber como cuidar de um mundo e das coisas que pertencem de modo exclusivo ao espaço das aparências mundanas, visto que sua atitude central diante de todos os objetos, a atitude de consumo, condena à ruína tudo em que toca.[1]

Hannah Arendt

O círculo vicioso da economia moderna: consumimos para viver; produzimos para consumir; consumimos para produzir (desemprego); portanto, consumimos para consumir.[2]

Hannah Arendt

I

Neste capítulo pretendo explicitar alguns aspectos fundamentais da crítica de Hannah Arendt à sociedade moderna, principalmente no que se refere ao que na modernidade teria configurado como condições determinantes para a *perda do mundo*: a corrosão da esfera pública e a diluição da distinção entre o público e o privado com a ascensão do

---

1   H. Arendt, A crise na cultura, p. 264.
2   *Idem*, *Denktagebuch* – 1950 -1973, p. 473 [XVIII, 45, fev. 1953].

social; a transformação da relação entre a ação, a fabricação e o trabalho; o estabelecimento da instrumentalidade e do consumo como os modos básicos de se relacionar gestados em uma nova forma de vida caracteristicamente moderna.

A era moderna é mais adequadamente representada, para Hannah Arendt, pela alienação em relação ao mundo: no duplo sentido do abandono da Terra em direção ao universo e abandono do mundo em direção a si mesmo. Os três eventos que marcaram o seu limiar – a chegada dos europeus à América, a Reforma Protestante e a invenção do telescópio – teriam determinado esse caráter.[3] A chegada à América promovera uma ampliação do espaço e um encurtamento da distância (na relação das pessoas entre si e com o espaço terrestre), ao passo que a invenção do telescópio viabilizara descobertas para além dos limites da Terra. A Reforma, por fim, levara a cabo a alienação em direção a um mundo interior, coroando a desterritorialização com a universalização do indivíduo humano enquanto ser racional.

A forma como Galileu fez uso do telescópio, revelando os segredos do universo à cognição humana por meio da percepção sensorial, contribuiu de modo determinante para que se estabelecesse um novo conceito de mundo, com o pressuposto de que o movimento dos corpos na Terra correspondia ao movimento dos corpos celestes. Todos os eventos passaram a ser tidos como inevitavelmente submetidos a uma lei universalmente válida, como se pudéssemos tratar a Terra de um ponto de apoio seguro externo a ela. A era moderna assim expressa tanto a capacidade humana de

---

3   Cf. *idem, A condição humana*, p. 307.

CAPÍTULO 3 | DO USO AO CONSUMO: ALIENAÇÃO E PERDA DO MUNDO **47**

pensar em termos de universo quanto "de empregar as leis cósmicas como princípios orientadores da ação na Terra",[4] o que explicaria por que a matemática passou a ser sua principal ciência.

Por meio da matemática foi possível reduzir tudo o que está para além do homem à estrutura da sua própria mente e simultaneamente se instaurou o ambiente de suspeita e desespero advindo da constatação da impotência dos sentidos ante a regra única que guia tanto o universo quanto o mundo da ação e do pensamento.[5] Para Arendt, foi a ciência a criadora da era moderna e não qualquer filosofia que a tenha precedido, pois, afirma, são os eventos e não as ideias que mudam o mundo; e a especulação dos filósofos e a imaginação dos astrônomos nunca chegaram a constituir eventos no mundo, ainda que tenham sido em grande medida decisivos em sua configuração espiritual.

Hannah Arendt percebe no subjetivismo que perpassa a filosofia moderna uma clara expressão da alienação do homem moderno. A filosofia moderna começou com a dúvida cartesiana, em sua universalidade, e sobre ela constituiu o seu método de suspeição. O que se perdeu na era moderna foi antes de tudo, como é notório, a certeza antes oriunda do depoimento dos sentidos e da razão. De tal forma, concedendo ao homem como única certeza confiável a própria existência da dúvida na sua consciência, Descartes teria aberto o caminho para o estabelecimento de uma relação intrínseca entre certeza e introspecção.

---

4   *Ibidem*, p. 327.
5   Cf. *ibidem*, p. 331 e 332.

A introspecção gera certeza porque nela só está envolvido o que a própria mente produziu, em que só interfere o seu produtor. A introspecção cartesiana, por um lado, absorve o mundo aos processos da consciência pelo "pesadelo da não realidade"[6] e, por outro, assume que, embora o homem não possa conhecer a verdade como algo dado e revelado, pode conhecer aquilo que ele mesmo faz. O senso comum, sentido mediante o qual os outros sentidos ajustavam-se ao mundo, passou a ser simplesmente uma faculdade interior, o "jogo da mente consigo mesma",[7] comum apenas por ser comum a todos a estrutura mental.

A respeito disso Nietzsche, a quem Hannah Arendt recorreu várias vezes em relação a esse tópico, observa o seguinte: "É de se duvidar que o 'sujeito' possa demonstrar-se a si mesmo – para isso necessitaria ele justamente ter um firme ponto de apoio fora dele mesmo, e *este* falta." Ou ainda:

---

6   Nas palavras de Hannah Arendt, "a 'projeção do próprio ego no mundo' é ou um projeto concreto – farei, direi isto ou aquilo etc. – ou uma projeção do mundo para dentro do próprio ego. O '*cogito me cogitare*' [eu penso pensando] cartesiano como única realidade. Não '*cogito mundum*' [eu penso o mundo] ou qualquer outra coisa, mas '*cogito me cogitare, cogito me cogitare cogitare*' [eu me penso pensando, eu me penso pensando o pensar] etc.; daí resulta que agora o mundo é submetido à mesma modificação caleidoscópica, é infectado, por assim dizer, pelo turbilhão interno do eu, por sua *informidade*. Neste turbilhão interno, todas as identidades se dissolvem, não há nada mais a que se aferrar. A identidade depende da manifestação, e manifestação é, antes de tudo, exterior... A fala é manifestação exterior de algo interior; mas é um erro acreditar que esta apresentação é um mero reflexo que representa uma espécie de cópia carbono do que ocorreu no interior". Arendt; McCarthy. *Entre amigas*, p. 233 (Carta a M. McCarthy de 8 de agosto de 1969).

7   Cf. H. Arendt, *A condição humana*, p. 352.

CAPÍTULO 3 | DO USO AO CONSUMO: ALIENAÇÃO E PERDA DO MUNDO 49

sejamos mais cuidadosos que Descartes, que se manteve preso à armadilha das palavras. *Cogito* é decididamente apenas uma palavra: mas ela significa algo múltiplo: algo é múltiplo e nós grosseiramente o deixamos escapar, na boa-fé de que seja Uno. Naquele célebre *cogito* se encontram: 1) pensa-se, 2) e eu creio que sou eu quem pensa, 3) mesmo se admitindo que o segundo ponto permanece implicado, como artigo de fé, ainda assim o primeiro "pensa-se" contém ainda uma crença: a saber, que "pensar" seja uma atividade para a qual um sujeito, no mínimo um "isto", deva ser pensado – além disso o *ergo sum* nada significa.[8]

A transferência, levada a cabo por Descartes, do ponto arquimediano do conhecimento de um ponto fora da Terra para a própria estrutura da mente humana canalizou a confiança humana exclusivamente para os processos que desencadeava e controlava. Esta fé no engenho das próprias mãos configura o pano de fundo ante o qual se desenrolará a inversão da posição hierárquica entre a *vita contemplativa* e a *vita activa*. A inversão não é, a rigor, uma alternância de posições entre contemplação e ação em que esta ocuparia o espaço de destaque antes conferido àquela no pensamento clássico. A contemplação, no sentido de contemplar a verdade, perdeu todo e qualquer sentido, o que significa antes que

---

8   F. Nietzsche, *Fragmentos póstumos*, p. 9, 10 e 11. (In: KSA, v. 11 (20 e 23), p. 637 e segs. e 639 [agosto/setembro 1885]). Grifos no original. Hannah Arendt reforça que "o *cogito ergo sum* é uma falácia não apenas no sentido, observado por Nietzsche, de que do *cogito* só se pode inferir a existência de *cogitationes*; o *cogito* está sujeito à mesma dúvida que o *sum*. O eu-existo está pressuposto no eu-penso. O pensamento pode agarrar-se a esta pressuposição, mas não pode comprová-la ou refutá-la". *A vida do espírito*, p. 66.

o que chegou ao fim foi a distinção básica entre o sensorial e o suprassensorial, juntamente com a noção pelo menos tão antiga quanto Parmênides de que o que quer que não seja dado aos sentidos – Deus, ou o Ser, ou os Primeiros Princípios e Causas (*archai*), ou as Ideias – é mais real, mais verdadeiro, mais significativo do que aquilo que aparece, que não está apenas *além* da percepção sensorial, mas *acima* do mundo dos sentidos. O que está "morto" não é apenas a localização de tais "verdades eternas", mas a própria distinção.[9]

A inversão deu-se antes na relação entre pensamento e ação, uma vez que a própria atividade do pensar passou a ser serva da ação. Nesse contexto da era moderna, a filosofia perde cada vez mais a capacidade de dizer da verdade, "agora, o filósofo já não se volta de um mundo de enganosa perecibilidade para outro mundo de verdade eterna, mas volta as costas a ambos e se para retira dentro de si mesmo".[10] No âmbito da própria *vita activa* há também uma inversão: as atividades de fazer e fabricar, prerrogativas do *homo faber*, ocupam o espaço antes cabido à ação no posto mais alto da hierarquia das atividades humanas. O progresso da ciência depende cada vez mais do gênio experimental do cientista aliado ao avanço da tecnologia, e a partir daí conhecer e fazer uso de instrumentos passaram a ser momentos complementares. O experimento, por outro lado, reforça a convicção moderna de que o homem só pode conhecer realmente

---

9 Arendt, *A vida do espírito*, p. 25. Grifos no original.

10 *Idem, A condição humana*, p. 364. Cf. p. 362. Antes (p. 360), Hannah Arendt constata que, segundo a nova relação "para ter certeza, tinha-se de *assegurar-se* e, para conhecer, tinha de *agir*". Grifos no original.

CAPÍTULO 3 | DO USO AO CONSUMO: ALIENAÇÃO E PERDA DO MUNDO 51

o que ele mesmo pode desencadear. Antes de Hannah Arendt, Alexandre Koyré já havia ressaltado que

> a vida ativa, *vita activa*, toma o lugar da *theoria*, *vita contemplativa*, que até então tinha sido considerada como sua forma mais elevada. O homem moderno procura dominar a natureza, enquanto o homem medieval ou antigo se esforça, principalmente, por contemplá-la. Portanto, deve explicar-se por esse desejo de dominar e de atuar a tendência mecanicista da física clássica – a física de Galileu, de Descartes, de Hobbes, *scientia activa*, *operativa*, que devia tornar o homem "senhor e dono da natureza". Deve-se considerá-la como resultante tão somente dessa atitude, como aplicação à natureza das categorias de pensamento do *homo faber*. A ciência de Descartes – *a fortiori* a de Galileu – nada mais é (como se tem dito) do que a ciência do artesão ou do engenheiro.[11]

Dessa forma, a natureza, como já indicamos, é incorporada à lógica do funcionamento da mente humana e tornase um processo: "no lugar do conceito do Ser, encontramos agora o conceito de Processo".[12] É como se, do ponto de vista do *homo faber*, o processo de fabricação fosse mais importante que o produto acabado, como se o método fosse mais importante que qualquer fim singular. Para Arendt, se, por um lado, a concepção mecanicista eleva as atividades do *homo faber* ao grau mais alto de expressão da condição e da dignidade humanas, mediante o conceito de processo, por outro, lado a dúvida cartesiana sustenta como ideias claras e

---

11 A. Koyré, *Estudos de história do pensamento científico*, p. 152 e 153.
12 H. Arendt, *A condição humana*, p. 368.

distinta somente aquilo que deve ao homem a sua existência. É como se a era moderna tivesse de antemão levado a sério a afirmação de H. Bergson de que "o homem é essencialmente 'fabricante'". Ou, mais ainda: "cremos que é da essência do homem criar material e moralmente, fabricar coisas e fabricar-se a si mesmo. *Homo faber* é a definição que propomos... *Homo faber, Homo sapiens*, diante de um e diante de outro, que, aliás, tendem a se confundir, inclinamo-nos".[13]

Nesse contexto, a preocupação do conhecimento irá voltar-se para o "como" e não mais para o "o que" ou o "por que".[14] A inversão de posições que se deu entre a ação e a fabricação e a perda de *status* da contemplação manifestou-se como consequência da fé do homem somente no engenho das suas próprias mãos. A atividade de pensar, compreendida estritamente como raciocínio, passou a ser serva da atividade, enquanto a contemplação, no sentido original de contemplação da verdade, perdeu inteiramente seu significado na era moderna, pois nem a verdade existe no sentido de imutável e eterna, nem é possível conhecer de modo claro e distinto o que não puder ser experimentado.

II

O moderno movimento que dá sequência à desqualificação da *vita contemplativa* e à inversão de posições entre a ação e a fabricação é levado a cabo na vitória do *animal*

---

13 H. Bergson, *O pensamento e o movente*, p. 253 e 268.
14 H. Arendt, *A condição humana*, p. 366.

CAPÍTULO 3 | DO USO AO CONSUMO: ALIENAÇÃO E PERDA DO MUNDO 53

laborans sobre o *homo faber*. Já indicamos que a expressão *vita activa* designa o conjunto de atividades do trabalho, da obra ou da fabricação e da ação, sendo que esta é a única propriamente política, por se dar em relações humanas mediadas pelo discurso. Embora o trabalho e a fabricação não determinem a ação política, eles constituem o cerne da moderna organização política e social. Na era moderna, quando o público (o político por excelência) e o privado (o espaço do cuidado com a subsistência, da "privacidade" e da intimidade) se diluem no social – fenômeno complexo que examinaremos mais detidamente no sexto capítulo – cada vez mais a forma assumida pelo trabalho e pela fabricação no conjunto da ordenação social adquire relevância pública, na medida em que são elementos determinantes na constituição de um mundo comum.

Hannah Arendt reconhece quão inusitada é sua distinção entre trabalho (*labor/Arbeit*) e obra ou fabricação (*work/Werke* ou *fabrication/Herstellen*), tendo como referência a tradição pré-moderna do pensamento político e as modernas teorias do trabalho. O maior sinal fenomenológico da distinção efetiva entre estas atividades encontra-se, para Arendt, na linguagem: todas as línguas europeias, tanto as antigas quanto as modernas, possuem duas palavras para designar o que hoje temos como a mesma atividade, e quando se trata de estabelecer um substantivo correspondente a tal atividade não se fala em trabalho, relacionado mais propriamente à atividade, mas em obra, relacionado mais aos seus produtos.[15] A compreensão da atual fusão conceitual

---

15 *Ibidem*, p. 95.

de tais atividades permite um maior aprofundamento no que seria a "essência" da era moderna.

O que constitui o artifício humano e garante a durabilidade do mundo é a fabricação, a atividade do *homo faber* de "operar nos" materiais, em contraposição ao trabalho, a atividade do *animal laborans*, que se mistura com os materiais.[16] Não obstante o produto da atividade do *homo faber* se desgaste com o uso que fazemos dele, ele não se consome no próprio processo vital, como se dá na atividade do trabalho. A diferença entre fabricação e trabalho é correspondente àquela entre o uso e o consumo, entre o desgaste e a destruição. Embora o uso tenha como consequência o desgaste dos produtos da fabricação, estes não são produzidos para ser desgastados, mas para serem usados; o desgaste provocado pelo uso atinge diretamente a durabilidade do produto, mas eles são concebidos, a princípio, para gozar de relativa durabilidade. Para Arendt,

> o defeito cardinal das análises econômicas consiste em que estas só conhecem o valor de uso e o valor de troca, fazendo desaparecer tacitamente o *valor de consumo* no valor de uso. Mas a questão especificamente econômica é precisamente a seguinte: quanto *tempo* deve uma coisa me servir? Isso determina seu "valor" tanto quanto os demais fatores, pois lhe inere a questão sobre quantas vezes terei de renová-la. É notável que o *fator tempo* seja excluído. Precisamente quando na determinação do valor se parte da produção e não da

---

16 *Ibidem*, p. 123; cf. A. Enegrén, *La pensée politique de Hannah Arendt*, p. 35-37.

CAPÍTULO 3 | DO USO AO CONSUMO: ALIENAÇÃO E PERDA DO MUNDO

troca deveria saltar aos olhos a distinção entre usar e esgotar = consumir.[17]

As coisas destinadas ao consumo, no entanto, são destruídas no mesmo momento em que são usadas. Estas não gozam de durabilidade, são totalmente absorvidas no ciclo vital de sobrevivência da espécie humana: elas são assimiladas. No que diz respeito ao trabalho, o único elemento que goza de relativa durabilidade é a própria atividade. Enquanto a durabilidade empresta certa independência aos objetos em relação aos que os produziram e os utilizam, a assimilação dos produtos destinados ao consumo pelos organismos vivos os destitui de qualquer existência independente no mundo humano.

Os objetos produzidos para o uso estabilizam a vida humana, segundo Hannah Arendt, e conferem a ela certa objetividade, na medida em que, a despeito da sua mutabilidade, os homens em alguma medida recobram sua identidade no contato com os objetos duráveis. O que engendram e veem diante de si não é a natureza, mas um mundo humanamente produzido: "sem um mundo interposto entre os homens e a natureza, há eterno movimento, mas não objetividade".[18] A durabilidade relativa das coisas garante

---

17 H. Arendt, *Denktagebuch* – 1950 -1973, p. 355 [XV, 14, maio 1953]. Grifos no original.

18 *Idem*, *A condição humana*, p. 171. O mundo é entendido aqui não como uma totalidade inacessível à experiência empírica, mas como um espaço durável, artificialmente construído pelo trabalho, que assegura a constância e a objetividade dos entes. Cf. A. Enegrén, *La pensée politique de Hannah Arendt*, p. 38 (também a nota 1).

que o indivíduo humano não dissolva a sua subjetividade nas coisas nem a objetividade do mundo na sua consciência, na medida em que as coisas duráveis possuem explicitamente uma existência independente do seu produtor. A subjetivização da época moderna pode ser parcialmente explicada pelo fato de que quase toda fabricação passa a ser executada sob a forma de trabalho.

A atividade do *homo faber*, determinada pelo uso de instrumentos, é avaliada segundo os critérios estabelecidos pela relação meios-e-fins. É o produto final que organiza o processo de fabricação e é em nome dele que as ferramentas são inventadas. Mas tão importante quanto isto é o fato de que, embora o produto acabado seja fim do processo de fabricação, em relação aos meios com os quais foi produzido, se converte em meio enquanto permanece como objeto de uso de modo que nunca chega a ser um fim fora do processo de sua produção. Para Hannah Arendt, isto indica o quanto "em um mundo estritamente utilitário, todos os fins são constrangidos a serem de curta duração e a transformarem-se em meios para alcançar outros fins".[19] Com isso, sem um fim supremo, um fim em si mesmo, a cadeia de meios e fins se torna interminável, e sem um fim "autêntico" não há como se guiar na escolha dos meios, por um lado, e nem como produzir sentido em qualquer atividade, uma vez que o sentido de uma atividade se revela no seu fim.

O *homo faber*, consoante seu utilitarismo sistemático, dilui o significado na utilidade, julga tudo em termos de "para quê" e desconsidera o "em nome de quê" que confere signifi-

---

19 H. Arendt, *A condição humana*, p. 191.

CAPÍTULO 3 | DO USO AO CONSUMO: ALIENAÇÃO E PERDA DO MUNDO **57**

cação. Quando a utilidade é promovida a fonte de significação, gera a ausência de significado, uma vez que no mundo do *homo faber*, por todos os fins se converterem em meios, os significados são permanentemente deslocados, estes se definem precisamente por sua relativa permanência. Dito de outro modo, a utilidade não pode justificar a si mesma pela categoria de meios e fins, pois para esta categoria fazer sentido pressupõe um fim que não é um "para quê", mas um "em nome de quê", localizando seu sentido numa referência ao contexto: o sentido é um produto da "subjetividade do uso",[20] não da utilidade. É por isto que o *homo faber*, "na medida em que é apenas um fabricante de coisas e em que pensa somente em termos dos meios e fins que decorrem diretamente de sua atividade da obra, é tão incapaz de compreender o significado como o *animal laborans* é incapaz de compreender a instrumentalidade".[21]

Muito embora Kant tenha tentado evitar o emprego da categoria de meios e fins no campo da ação política, com a fórmula do utilitarismo antropocêntrico – segundo a qual nenhum ser humano pode tornar-se meio para um fim, por ser um fim em si mesmo –, nem mesmo ele foi capaz de

---

20 Einar Overenget observa que, "quando Arendt fala de voltar a recorrer à subjetividade do uso, isto deve ser interpretado à luz da hierarquia da *vita activa*. De acordo com este conceito, o termo 'subjetividade do uso' se refere a dois níveis na hierarquia: enquanto 'uso' se refere à atividade da fabricação *(work)*, 'subjetividade' se refere à ação no sentido de que a subjetividade revela a si mesma no nível da ação *(praxis)*. Assim, o termo 'subjetividade do uso' não se refere ao uso mesmo, mas ao aspecto subjetivo do uso. Este aspecto é o que provê a cadeia de meios e fins com um 'fim em si mesmo'". Heidegger and Arendt: against the imperialism of privacy, p. 441.

21 H. Arendt, *A condição humana*, p. 192.

resolver o dilema do *homo faber*: o de construir um mundo como fim por meio da fabricação e impedir que, uma vez tendo-o construído, ele não se converta novamente em meio. Ao instrumentalizar as coisas, rebaixando-as à categoria de meios e fins, o *homo faber* promove tanto a perda do valor intrínseco e independente delas como sua ausência de significado. O que está em jogo, observa Hannah Arendt, não é o conceito de instrumento como tal, mas a generalização da experiência da fabricação, "na qual a serventia e a utilidade são estabelecidas como critérios últimos para a vida e para o mundo dos homens".[22] Para que tenha significado, o mundo construído pela fabricação não pode, uma vez construído, ser presidido pelas regras desta última.

É na medida em que o processo vital se apodera das coisas e as emprega para seus fins, para a satisfação de necessidades, que a instrumentalidade da fabricação se lança sobre todas as coisas. Enquanto o *homo faber* constrói um mundo de coisas para serem usadas, o *animal laborans* simplesmente mecaniza o seu trabalho com os instrumentos fabricados, utiliza-os para aumentar a sua fertilidade natural e produzir uma abundância de bens de consumo, de forma que os instrumentos constituem os únicos elementos duráveis no processo de consumo. Para o *animal laborans*, "sujeito aos processos devoradores da vida e constantemente ocupado com eles",[23] os instrumentos são a melhor e talvez a única representação da durabilidade e da estabilidade do mundo, de modo que eles assumem, numa sociedade de trabalha-

---

22 *Ibidem*, p. 195.
23 *Ibidem*, p. 179.

CAPÍTULO 3 | DO USO AO CONSUMO: ALIENAÇÃO E PERDA DO MUNDO

dores, uma função mais que meramente instrumental. Tudo o que decorre desta atividade é novamente incorporado no processo como meio para alimentá-lo. O único "fim" é, mais uma vez, o processo, só que agora o processo vital.

Na atividade do *animal laborans* não se distingue, como na do *homo faber*, entre meios e fins. O que preside os processos de trabalho e os de fabricação executados à maneira do trabalho "não são o esforço propositado do homem nem o produto que ele possa desejar, mas o próprio movimento do processo e o ritmo que este impõe aos trabalhadores",[24] o ritmo repetitivo do processo vital e do metabolismo da vida com a natureza. No trabalho, o homem é o "instrumento" por excelência, e o que a mecanização realiza é antes de tudo a substituição do ritmo do corpo humano. Mas o *homo faber* inventou os instrumentos para construir um mundo e apenas colateralmente para servir ao processo vital humano. A questão que se coloca, segundo Hannah Arendt, não é se somos senhores ou escravos das máquinas, mas se elas servem ao mundo e às coisas ou aos processos automáticos que passaram a dominar e mesmo a destruir o mundo e as coisas. A forma desejada das coisas não é mais, desse modo, útil ou bela, mas operacional: as coisas não se parecem mais com a intenção do fabricante, mas com a forma da máquina. "Para uma sociedade de trabalhadores o mundo das máquinas tornou-se um substituto para o mundo real", embora, considera Hannah Arendt, "este pseudomundo seja incapaz de realizar a mais importante tarefa do artifício humano,

---

24 *Ibidem*, p, 181.

que é a de oferecer aos mortais uma morada mais permanente e estável que eles mesmos".[25]

Para ela, é surpreendente como diante de tal quadro a era moderna – que promoveu a atividade do trabalho a fonte de todos os valores e substituiu o *animal rationale* pelo *animal laborans* – não tenha distinguido de modo claro entre o *animal laborans* e o *homo faber*, "entre o trabalho do nosso corpo e a obra de nossas mãos", e tenha voltado a sua atenção para a distinção entre trabalho produtivo e improdutivo – análoga, no sentido de que o trabalho é improdutivo por não deixar nada atrás de si (o trabalho só ocasionalmente produz objetos, pois tem em mira antes os meios da própria reprodução).[26]

A grande transformação da obra em trabalho dá-se em grande medida devido a que todas as atividades antigamente tidas como servis por possuírem somente relevância para as necessidades vitais privadas ganharam relevância pública com o aparecimento de uma esfera e um ponto de vista sociais. Arendt sustenta que nessa esfera importa primariamente o processo vital da humanidade, a promover a diluição progressiva da fronteira entre o público e o privado. Uma sociedade completamente "socializada", como a sociedade de massas de trabalhadores, a conceber todas as coisas como funções do processo vital, a distinção entre fabricação e trabalho passa a não fazer sentido, sendo abandonada em favor do trabalho, a reunir enfim ambas as atividades, transfiguradas e assimiladas. No sistema de re-

---

25 *Ibidem*, p. 189.
26 Cf. *ibidem*, p. 105.

CAPÍTULO 3 | DO USO AO CONSUMO: ALIENAÇÃO E PERDA DO MUNDO

ferência do ponto de vista social "todas as coisas tornam-se objeto de consumo".[27]

O *animal laborans*, pela sua atividade, não é apto a construir um mundo nem a cuidar do mundo criado pelo *homo faber*. Os produtos do trabalho, do metabolismo do homem com a natureza, "não permanecem no mundo tempo suficiente para se tornarem parte dele, e a própria atividade do trabalho, concentrada exclusivamente na vida e em sua manutenção, esquece-se do mundo até o extremo da não mundanidade".[28] Uma sociedade de massas de trabalhadores é constituída de "espécimes sem-mundo" da espécie humana: "o *animal laborans* não foge do mundo, mas dele é expelido na medida em que é prisioneiro da privatividade do seu próprio corpo, adstrito à satisfação de necessidades das quais ninguém pode compartilhar e que ninguém pode comunicar inteiramente".[29] O mundo não se identifica com a vida, nem a nossa crença na sua realidade se reduz à crença na realidade da vida. Enquanto a realidade do mundo é devedora de sua durabilidade e permanência, a realidade da vida depende da intensidade com que é experimentada. Enquanto o mundo remete a um reconhecimento comum, a vida permanece circunscrita pela subjetividade.

O aparecimento das massas, como indicado no primeiro capítulo, é um fenômeno estreitamente ligado às transformações operadas no âmbito político na época moderna. Do surgimento das massas à sua relevância política, prin-

---

27 *Ibidem*, p. 109.
28 *Ibidem*, p. 145.
29 *Ibidem*, p. 146.

cipalmente no século XX, no entanto, decorreu um longo período e deu-se uma série de transformações. As massas, devido à distância de qualquer relação discursiva, possuem um caráter eminentemente apolítico, partilhando silenciosamente convicções gerais que perpassam todas as classes e se exilando de qualquer representação política usual.

No sistema de classes o próprio fato de a organização política estar hierarquizada pela estratificação social já posicionava cada indivíduo em um raio de interesses específicos que o afastava da indiferença em relação ao espaço dos negócios humanos e da neutralidade em questões de política, embora isto também tivesse como consequência uma míope percepção de interesses mais gerais, públicos, como o governo do país. O colapso do sistema de classes se deveu, entre outros fatores, tanto à redução cada vez mais intensa da participação política dos membros das classes quanto pelos grandes expurgos realizados mormente nos governos totalitários. Por um lado, aceitava-se com espantosa naturalidade que a pertença passiva da maioria dos indivíduos às classes era já sinal de participação, de forma que dentro de cada classe se formava uma elite representativa sustentada em um "consenso mudo" pressuposto; tinha-se como assentado que a apatia da maioria não se configurava em elemento relevante para a organização política. Por outro lado, havia os expedientes de Stalin, por exemplo, que mediante repetidos expurgos das diversas classes contribuiu para a atomização da sociedade soviética, produzindo a passividade como elemento político decisivo.

Na necessidade constante de ver fluir rapidamente o mundo circundante, a durabilidade das coisas é expressa-

CAPÍTULO 3 | DO USO AO CONSUMO: ALIENAÇÃO E PERDA DO MUNDO　　**63**

mente devorada. Com o crescimento não natural do natural, o mundo dos objetos foi diluído nos processos naturais, no processo simultâneo de absorção dos objetos pelo ritmo da vida e pela consequente mutabilidade constante destes mesmos objetos. Enquanto o artifício humano fixa o fluxo das coisas na natureza e impõe uma violenta transformação nesta, o trabalho se mistura com o ciclo natural, não interpõe nada entre homem e natureza.[30] Mesmo as máquinas, produtos do *homo faber*, devido à repetição e à interminabilidade do próprio processo de produção, são marcadas pelo trabalho, e os seus produtos são tornados bens de consumo pela mera abundância. A interminabilidade da produção só pode ser garantida em um mundo onde não há mais objetos de uso, onde "se o ritmo do uso for acelerado tão tremendamente que a diferença objetiva entre uso e consumo, entre a relativa durabilidade dos objetos de uso e o rápido ir e vir dos bens de consumo, reduzir-se até se tornar insignificante".[31] A contrapartida da dissolução dos objetos de uso em bens de consumo é a dissolução da fabricação no trabalho e do trabalho enfim em força de trabalho, decor-

---

30　Cf. *ibidem*, p. 58, e A. Enegrén, *La pensée politique de Hannah Arendt*, p. 37.

31　H. Arendt, *A condição humana*, p. 155. "O consumo é ainda sempre o melhor critério para distinguir os produtos do trabalho dos da fabricação. A urgência da necessidade [*anankaia*] faz com que tudo o que é criado pelo trabalho seja consumido *rapidamente* e esteja preparado para o consumo rápido. Quanto mais permanente é um produto mais há nele a qualidade do *homo faber* [Homo-faber-*Qualität*]. E quanto mais rapidamente tais produtos da fabricação são consumidos (EUA) tanto maiores são os âmbitos de atividade humana que o trabalho adquire e tanto maior é a vinculação às necessidades [*anankaia*] que predominam nele, tanto mais coerção se difunde no mundo etc." *Idem, Denktagebuch* – 1950-1973, p. 264 [XI, 15, out. 1952]. Grifos no original.

rência do surgimento do processo de produção no âmbito da Revolução Industrial.

> No processo de produção: toda produção é absorvida no processo do trabalho, todos os bens se convertem em bens de consumo. Simultaneamente, a fadiga do trabalho é alijada, de modo que parece que ela desapareceu do mundo. Ademais: produz-se apenas para o *consumo* [*Verbrauch*], não para o uso [*Gebrauch*]; a pura necessidade estorva o processo. Assim os processos de produção e de aquisição podem se tornar o mesmo. Ou ainda: o processo de aquisição, que havia sido sempre decifrado no processo vital, se apoderou da fabricação e transformou assim a fabricação em trabalho, em *processo* de trabalho, que repousa na *força* de trabalho – uma vez que não pode existir um processo de fabricação.[32]

Os ideais de permanência, durabilidade e estabilidade, do *homo faber*, foram substituídos pelo ideal da abundância, do *animal laborans*: a própria vida mina então a durabilidade do mundo. Assim, vivemos em uma sociedade de trabalhadores, porque somente o trabalho pode produzir abundância, por sua inerente fertilidade; mas ao mesmo tempo vivemos numa sociedade de consumidores, por serem o trabalho e o consumo dois estágios de um mesmo processo.[33] E distintamente de uma sociedade de escravos, na qual a condição de sujeição à necessidade é constantemente manifesta e reafirmada, mas também contestada, esta

---

32 *Idem, Denktagebuch* – 1950 -1973, p. 524 e 525 [XXI, 30, abril 1955].
33 *Idem, A condição humana*, p. 156.

CAPÍTULO 3 | DO USO AO CONSUMO: ALIENAÇÃO E PERDA DO MUNDO

sociedade de consumidores desconhece a sua sujeição à necessidade, não podendo, assim, ser livre.

É verdade que o enorme aperfeiçoamento de nossas ferramentas de trabalho (...) tornou o duplo trabalho da vida, o esforço de sua manutenção e a dor de gerá-la, mais fácil e menos doloroso do que jamais foi antes. Isso, naturalmente, não eliminou a compulsão da atividade do trabalho, nem a condição de sujeição da vida humana à carência e à necessidade. Mas, ao contrário do que ocorria na sociedade escravista, na qual a "maldição" da necessidade era uma realidade muito vívida porque a vida de um escravo testemunhava diariamente o fato de que a "vida é escravidão", essa condição já não é hoje inteiramente manifesta; e, por não aparecer tanto, torna-se muito mais difícil notá-la ou lembrá-la. O perigo aqui é óbvio. *O homem não pode ser livre se ignora estar sujeito à necessidade, uma vez que sua liberdade é sempre conquistada mediante tentativas, nunca inteiramente bem-sucedidas, de libertar-se da necessidade.* E, embora possa ser verdade que seu impulso mais forte na direção dessa liberdade é sua "repugnância à futilidade", é também possível que o impulso enfraqueça à medida que essa "futilidade" parece mais fácil e passa a exigir menor esforço. Pois é ainda provável que as enormes mudanças da revolução industrial, no passado, e as mudanças ainda maiores da revolução atômica, no futuro, permaneçam como mudanças do mundo, e não mudanças da condição básica da vida humana na Terra.[34]

---

34 *Ibidem*, p. 149. Grifo meu.

III

Um espaço coletivo cujas medidas de valor são ditadas pelo processo de trabalho é definido por atividades sem mundo e promove paradoxalmente os valores privados a valores de aparecimento privilegiado na esfera pública. Nas democracias ocidentais existentes, já assinalava S. Benhabib – sob o impacto da comunicação de massas, o aumento da corporativização e a existência de um mínimo de eficientes associações políticas – a esfera pública de legitimidade tem encolhido cada vez mais. Paralelamente a isto, como parte do mesmo fenômeno, "o cidadão autônomo, cujos juízo fundamentado e participação eram *conditio sine qua non* da esfera pública, tem sido transformado no 'cidadão consumidor' de imagens e mensagens empacotadas ou o 'endereço eletrônico alvo' da grande pressão de grupos e de organizações".[35]

O definhamento da esfera pública, agudizado pelo predomínio da preocupação exclusiva com o econômico, tem como correlato o predomínio de um modelo de sociedade que impõe conformidade e isolamento, o reforço de comportamentos predizíveis e o estabelecimento de uma forma burocrática de governo, afinado com uma sociedade de massas de empregados.[36] Uma característica fundamental desta sociedade, e que representa uma "novidade" no âmbito político, é o fato de que as pessoas não mais vivem juntas por partilharem interesses ou para constituir um espaço pú-

---

35 S. Benhabib, Models of Public Space: Hannah Arendt, the Liberal Tradition, and Habermas, p. 93.
36 Cf. M. P. D'Entrèves, *The political philosophy of Hannah Arendt*, p. 45 e 46.

CAPÍTULO 3 | DO USO AO CONSUMO: ALIENAÇÃO E PERDA DO MUNDO   67

blico com vistas ao exercício da liberdade política, mas por partilharem necessidades biológicas diretamente relacionadas à sobrevivência individual e da espécie.

A emancipação do trabalho fez com que a esfera das necessidades, anteriormente privada da luminosidade do domínio público na penumbra da privacidade, fosse cada vez mais se expandindo e continuasse a se expandir até absorver todas as instâncias do mundo da vida. O problema não reside no fato de que a atividade do trabalho efetivamente se confunde com a dinâmica do estar vivo, mas em sua predominância sobre todas as atividades da *vita activa*, impondo a elas a mentalidade e o modelo do consumo paradoxalmente extraído do ciclo biológico da espécie como modo de vida.

Essa sociedade de trabalhadores não surgiu da emancipação das classes trabalhadoras, observa Hannah Arendt, mas da emancipação do trabalho, do seu predomínio sobre todas as outras atividades da *vita activa*.

> A questão não é que, pela primeira vez na história, os trabalhadores tenham sido admitidos com iguais direitos no domínio público, e sim que quase conseguimos reduzir todas as atividades humanas ao denominador comum de assegurar as coisas necessárias à vida e de produzi-las em abundância. Não importa o que façamos, supostamente o faremos com vistas a "prover nosso próprio sustento"; é esse o veredicto da sociedade, e vem diminuindo rapidamente o número de pessoas capazes de desafiá-lo, especialmente nas profissões que poderiam fazê-lo.[37]

---

37 H. Arendt, *A condição humana*, p. 156.

O risco que permanece sempre presente é o de que a emancipação do trabalho, em vez de promover uma liberação da necessidade, promova, talvez paradoxalmente, a completa sujeição de todos à necessidade, pois a cada liberação do trabalho sucede uma correspondente submissão ao consumo. É tendo isto em consideração que se pode supor que Hannah Arendt não acrescentaria sua voz ao coro dos que compreendem a eventual emancipação do trabalho como emancipação da necessidade ou mesmo emancipação política. Não só porque o trabalho e o consumo são dois estágios de um mesmo processo, mas também porque, conforme antecipou no prólogo de *A condição humana*, vivemos em uma sociedade de trabalhadores "que já não conhece aquelas outras atividades superiores e mais significativas [a ação, a contemplação e mesmo a fabricação] em vista das quais essa liberdade mereceria ser conquistada (...). O que se nos depara, portanto, é a perspectiva de uma sociedade de trabalhadores sem trabalho, isto é, sem a única atividade que lhes resta. Certamente nada poderia ser pior".[38]

O substrato incômodo desse evento é o triunfo da necessidade na época moderna, que se deu com a emancipação do trabalho, com a ocupação da esfera pública pelo *animal laborans*. Assim, no entanto, enquanto persistir amplamente despolitizado, "não poderá existir um verdadeiro domínio público, mas apenas atividades privadas exibidas à luz do dia".[39] O resultado, segundo ela, é o que se chama eufemisticamente de cultura de massas.

---

38 *Ibidem*, p. 5 e 6.
39 *Ibidem*, p. 165.

CAPÍTULO 3 | DO USO AO CONSUMO: ALIENAÇÃO E PERDA DO MUNDO   69

Com efeito, se considerarmos com Hannah Arendt as autointerpretações dos homens ao longo da história como testemunhos sucintos do espírito de épocas inteiras, teremos, esquematicamente falando, o seguinte:

> a Antiguidade grega concordava em que a mais alta forma de vida humana era despendida em uma pólis e em que a suprema capacidade humana era a fala – *zôon politikón* e *zôon lógon ékhon*, na famosa definição dupla de Aristóteles; Roma e a filosofia medieval definiam o homem como *animal rationale*; nos estágios iniciais da Idade Moderna, o homem era primariamente concebido como *homo faber* até que, no século XIX, o homem foi interpretado como um *animal laborans* cujo metabolismo com a natureza geraria a mais alta produtividade que a vida humana é capaz.[40]

Importa ressaltar nesse contexto que não se constrói um mundo com base em coisas que são consumidas, mas em coisas que são usadas. O perigo de uma sociedade de consumo é justamente o de que seu deslumbramento ante a abundância e o seu enredamento no processo interminável do ciclo vital a impeça de reconhecer sua própria futilidade. O desaparecimento da esfera pública, assim como de um mundo comum durável construído pela fabricação e pela arte, o advento do social, o colapso do senso comum e a diluição da fabricação no trabalho podem vir a converter a já fugaz vida humana em uma fagulha.

A questão social em Hannah Arendt é, como veremos, certamente uma das mais problemáticas e frágeis da sua te-

---

40 *Idem*, O conceito de História – antigo e moderno, p. 95.

oria política, na medida em que ela então se vê em dificuldades na compreensão dos problemas sociais com relevância política, mas ao mesmo tempo uma das mais iluminadoras, na medida em que traz à tona alguns elementos básicos da constituição das massas, da relação cada vez mais promíscua entre política e economia e da moderna perda do mundo comum.

4

QUEM É O *ANIMAL LABORANS*?

> Viver é um descuido prosseguido.[1]
>
> *João Guimarães Rosa*

A vitória do *animal laborans* é um tema central à reflexão arendtiana sobre a modernidade política. Para examiná-la realizarei uma análise das variações semânticas do emprego arendtiano do termo, cuja compreensão é central à articulação operada por ela entre a condição humana, o surgimento da sociedade e a prevalência de uma mentalidade atrelada ao mero viver via trabalho e consumo. Indicarei que há ao menos três sentidos principais do emprego da expressão *animal laborans* na obra de Hannah Arendt: como dimensão fundamental da existência condicionada pela vida; como produto da sociedade atomizada; e como mentalidade e "modo de vida" extraídos das condições do mero viver. Penso que tal empresa é um passo fundamental à compreensão da relação entre economia e política na era moderna.

O termo *animal laborans* aparece pela primeira vez na obra publicada de Hannah Arendt no texto "Ideologia e terror" (1953), incorporado à segunda edição de *As origens do totalitarismo* em 1958, mesmo ano de publicação de *A con-*

---

1 *Grande sertão*: veredas, p. 86.

dição humana, na qual o conceito é claramente decisivo. Não é trivial, como buscarei indicar, que esse texto resulte das investigações arendtianas sobre a relação entre marxismo e totalitarismo imediatamente subsequentes à publicação original de *As origens do totalitarismo*, em 1951. No contexto em que aparece o termo, não obstante, está em questão um exame das experiências básicas da vida humana em comum subjacentes às diversas formas de organização política, algo que ela depreende da observação de Montesquieu de que as diversas formas de governo possuem específicos princípios de ação consoantes à sua natureza: a virtude, que inspira as ações em uma república, brota do amor à igualdade, e a honra, que impele à ação em uma monarquia, surge do amor à distinção. Esse "amor", afirma Arendt, "a experiência fundamental da qual manam os princípios de ação, é para Montesquieu o traço-de-união entre a estrutura de um governo representada no espírito de suas leis e as ações de seu corpo político".[2] Se a honra e a virtude traduzem as possibilidades humanas, no viver e agir juntos, de converter força em poder e de responder dignamente às demandas da condição humana da pluralidade, o mesmo não se pode dizer do medo espraiado nas tiranias.

Inicialmente, Arendt lamenta que Montesquieu não indique de que aspecto da condição humana provém o medo – e ainda o caráter assistemático e até casual de suas observações[3] –, mas acaba por concluir que

---

2   H. Arendt, A revisão da tradição em Montesquieu, p. 113 e 114.
3   Cf. *idem*, A grande tradição, p. 284.

CAPÍTULO 4 | QUEM É O *ANIMAL LABORANS?*

> a razão pela qual Montesquieu descuidou de nos dizer a experiência fundamental da qual surge o medo no governo tirânico é que ele, como toda a tradição, de modo algum concebia a tirania como um autêntico corpo político. Pois o medo como um princípio de ação público-política tem uma estreita ligação com a experiência fundamental da impotência que todos conhecemos de situações nas quais, por alguma razão, somos incapazes de agir (...). Por conseguinte, o medo não é, propriamente falando, um princípio de ação, mas um princípio antipolítico dentro do mundo comum.[4]

Em *As origens do totalitarismo* Arendt emprega essa articulação conceitual para refletir sobre a dominação totalitária. Salienta então a posição de Montesquieu acerca da imperfeição da tirania e de sua especial propensão a engendrar o próprio declínio. Arendt visa então antes de tudo demarcar claramente o que separa tirania e totalitarismo – ainda que nesse último o medo seja largamente alastrado, já não é capaz de inspirar ações, na medida em que estas, sob o terror, "não ajudam a evitar o perigo que se teme".[5]

Em um perfeito governo totalitário, insiste Arendt, o terror opera simultaneamente como essência de governo e princípio de movimento (não de ação, portanto), e seu principal objetivo não é fornecer uma estrutura legal estável no interior da qual podem ocorrer as ações humanas,[6] mas

---

4   *Idem*, A revisão da tradição em Montesquieu, p. 116.
5   *Idem, As origens do totalitarismo*, p. 520.
6   "Nenhuma civilização – o artefato humano para abrigar gerações sucessivas – teria sido jamais possível sem uma estrutura de estabilidade que lhe proporcionasse o cenário para o fluxo de mudança. Entre os fatores estabilizantes vêm em primeiro lugar os sistemas legais que regulam nossa vida no

"'estabilizar' os homens a fim de liberar as forças da natureza ou da história": "se a legalidade é a essência do governo não tirânico e a ausência de lei é a essência da tirania, então o terror é a essência do domínio totalitário".[7] Enquanto a tirania destrói a liberdade política ao dissolver o espaço vital de liberdade circunscrito pela lei, o terror elimina ainda todo o espaço entre os homens ainda conservados em alguma medida no "deserto da suspeita e do medo que a tirania deixa atrás de si": "comparado às condições que prevalecem dentro do cinturão de ferro, até mesmo o deserto da tirania, por ainda constituir algum tipo de espaço, parece uma garantia de liberdade".[8] Em acréscimo, o sistema totalitário necessita antes de tudo preparar suas vítimas para o ajuste simétrico tanto à posição de carrasco quanto à de vítima, e essa preparação é levada a cabo via ideologia, que como lógica de uma ideia oniabrangente substitui o princípio de ação na explicação das transformações históricas. Isso se dá mediante o emprego da força resultante da inflexível coerção a presidir o processo de dedução, a partir de premissas relacionadas à raça, às classes etc.

Arendt assinala que a experiência humana básica do isolamento (e a impotência dela decorrente) sempre foi típica

---

mundo e nossas questões diárias uns com outros, e são mais duradouros que modas, costumes e tradições". *Idem*, Desobediência civil, p. 72.

7   *Idem, As origens do totalitarismo*, p. 517. "A ausência de lei denota muito mais que a vontade arbitrária: significa a destruição das relações, a exaustão de toda a esfera das relações humanas, a 'quietude dos cemitérios e o deserto'". *Idem*, History of political theory: Montesquieu, p. 024192.

8   *Idem, As origens do totalitarismo*, p. 518.

CAPÍTULO 4 | QUEM É O *ANIMAL LABORANS?* 75

da tirania e, ainda que possa indicar o início do terror, é sempre pré-totalitária, na medida em que as tiranias tendem a manter intacta toda a esfera da vida privada, ao passo que "o cinturão de ferro do terror total elimina o espaço para essa vida privada, e que a autocoerção da lógica totalitária destrói a capacidade humana de sentir e pensar tão seguramente como destrói a capacidade de agir".[9] O isolamento, ainda que possa ser produzido pela coerção violenta da tirania, é plenamente concebível como uma condição voluntariamente escolhida, como no caso da necessidade do homem enquanto *homo faber* de se retirar temporariamente do âmbito político para fabricar os objetos de uso, ferramentas ou obras de arte, as quais, não obstante, ainda o mantêm vinculado ao mundo. "O que chamamos de isolamento [*isolation*] na esfera política é chamado desamparo [*loneliness/Verlassenheit*] na esfera das relações sociais",[10] sustenta Arendt, e ainda que possamos distinguir o estar isolado, sem companhia para a ação, do desamparo do pleno abandono de toda companhia humana a atingir a existência inteira, não podemos desconsiderar a possibilidade nada remota de diluição de suas fronteiras.

> No isolamento, o homem permanece em contato com o mundo como obra humana; somente quando se destrói a forma mais elementar de criatividade humana, que é a capacidade

---

9 *Ibidem*, p. 527.
10 *Ibidem*, "Isolamento [*Isolierung*]: um contra todos (impotência); ou melhor: um contra tudo (natureza): o titânico. Solitude: eu comigo mesmo. Desamparo: um, desamparado em meio a muitos outros". *Idem, Denktagebuch* – 1950 -1973, p. 521 [XXI, 17, março 1955].

de acrescentar algo de si mesmo ao mundo ao redor, o isolamento se torna inteiramente insuportável. Isso pode acontecer num mundo cujos principais valores são ditados pelo trabalho, isto é, onde todas as atividades humanas transformaram-se em trabalhar. Nessas condições, a única coisa que sobrevive é o mero esforço do trabalho, que é o esforço por se manter vivo, e desaparece a relação com o mundo como criação do homem. O homem isolado que perdeu o seu lugar no terreno político da ação é também abandonado pelo mundo das coisas, quando já não é reconhecido como *homo faber*, mas tratado como *animal laborans* cujo necessário "metabolismo com a natureza" não é do interesse de ninguém. É aí que o isolamento converte-se em desamparo.[11]

O desamparo – experiência na qual está assentado o governo totalitário e que é o traço especificador de sua novidade com relação às tiranias – baseia-se "na *experiência de não pertencer ao mundo*, que é uma das mais radicais e desesperadas experiências que o homem pode ter"[12] e encontra-se estreitamente conectado com o desarraigamento e a superfluidade das massas modernas, subproduto do capitalismo ao menos desde a Revolução Industrial. Com efeito,

---

11 *Ibidem*. Em Montesquieu's revision of the tradition, recolhido em *The promise of politics*, Arendt apresenta uma posição menos matizada: "as tiranias estão condenadas porque destroem o estar junto dos homens: ao isolar os homens uns dos outros, buscam destruir a pluralidade humana. Baseiam-se na experiência fundamental em que estou completamente só, isto é, inteiramente abandonado [*helpless*] (como Epiteto definiu certa vez o desamparo [*loneliness*]), incapaz de obter ajuda de meus semelhantes" (p. 69). Ou ainda: "a virtude, como amor à igualdade, surge dessa experiência de igualdade de poder que sozinha protege os homens contra o pavor do desamparo [*loneliness*]" (*idem*, A grande tradição, p. 285).

12 *Idem, As origens do totalitarismo*, p. 527. Grifo meu.

CAPÍTULO 4 | QUEM É O *ANIMAL LABORANS?*

a Revolução Industrial foi possível graças à *expropriação* e à proletarização; isto é, mediante o desarraigamento e a super-fluização de muitos homens. No lugar da propriedade, que indicava aos homens seu *lugar* (*Platz*) no mundo, se introduziu o posto de trabalho (*Arbeitsplatz*) e o puro funciona-mento no *processo* de trabalho. A propriedade, cujo guardião era o proprietário, impedia que o homem possuísse um lugar no mundo apenas enquanto trabalhador. Em outras palavras, a propriedade o vinculava a um *lugar* e o tornava indepen-dente de outros homens. O trabalho torna o homem "livre para escolher sua residência" e simultaneamente o submete à "sociedade".[13]

A socialização dos homens mediante o trabalho deve já ser concebida, para Arendt, como um processo de desen-raizamento. Esse vínculo entre a superfluidade residual da produção econômica e a fabricação da superfluidade sob a dominação totalitária – notadamente nos campos e seu "mundo dos agonizantes", mas também fora deles – é decisi-vo para a compreensão da razão pela qual "os acontecimen-tos políticos, sociais e econômicos de toda parte conspiram silenciosamente com os instrumentos totalitários inventa-dos para tornar os homens supérfluos".[14] Tal vínculo é ainda índice da possível sobrevivência das soluções totalitárias, enquanto tentação sempre presente, como resposta aos pro-blemas engendrados pela condição humana da pluralidade.

Ocorre que no mundo pós-totalitário o desamparo dei-xou de ser uma experiência limítrofe para se tornar "a expe-

---

13 *Idem, Denktagebuch* – 1950-1973, p. 341 [XIV, 31, abr. 1953]. Grifos no original.

14 *Idem, As origens do totalitarismo*, p. 510.

riência diária de massas cada vez maiores".[15] O preço do desarraigamento, residual ou deliberadamente fabricado, não é apenas potencialmente a superfluidade, mas a efetiva perda da experiência ou da realidade do mundo, sempre devedora da interação com nossos pares para a dissolução das nossas idiossincrasias – essa alienação do mundo é paga com o preço da própria identidade. Mesmo para aqueles que experimentam o estar-só ou solitude [*solitude*] como o diálogo do dois-em-um entre si e si mesmo, a identidade é sempre tributária da graça redentora do estar acompanhado que integra a dualidade em uma identidade, livrando assim da equivocidade e da indeterminação, pois a companhia "poupa-os do diálogo do pensamento no qual permanecem sempre equívocos, e restabelece-lhes a identidade que lhes permite falar com a voz única de uma pessoa impermutável".[16]

Em condição de completo isolamento, desamparo, desarraigamento e abandono, a suscetibilidade à força coerciva da inflexível articulação interna da ideologia é elevada ao paroxismo. Como Arendt afirma no prefácio de *As origens do totalitarismo*, "é como se a humanidade houvesse se dividido entre os que acreditam na onipotência humana (e pensam que tudo é possível se se sabe como organizar as massas para isso) e aqueles para quem a impotência tornou-se a maior experiência de suas vidas".[17]

A estratégia totalitária consiste em aliar a ideologia ao cinturão de ferro do terror, capaz de destruir o espaço entre

---

15 *Ibidem*, p. 530.
16 *Ibidem*, p. 529.
17 *Ibidem*, p. 11.

CAPÍTULO 4 | QUEM É O *ANIMAL LABORANS?* 79

os homens e mesmo o potencial produtivo do isolamento. O espectro totalitário – o legado da ameaça permanente de devastação total – subsiste na sobrevida das massas supérfluas, substrato permanentemente reposto na dinâmica econômica e social da era moderna, pois as massas sempre ressurgem "dos fragmentos da sociedade atomizada, na qual a estrutura competitiva e o concomitante desamparo do indivíduo eram controlados apenas quando se pertencia a uma classe",[18] em que se compartilhava ao menos interesses comuns traduzidos em objetivos determinados e atingíveis. Mas, o que é possivelmente tanto insidioso quanto danoso, a fragilidade da política na modernidade talvez repouse ainda em traços menos flagrantes de alienação do mundo.

Hannah Arendt principia sua obra *A condição humana* com um exame das três atividades humanas fundamentais constituintes da *vita activa* e suas correspondentes condições. As condições da existência são efetivamente os condicionamentos mais gerais a recair sobre todos os homens, que nascem em um ambiente natural, ladeados pelo artifício humano que é o mundo, e sempre em meio a outros. Esses condicionamentos mais gerais são "a vida, a natalidade e a mortalidade, a mundanidade, a pluralidade e a Terra".[19] A natalidade, a mortalidade e a Terra trespassam toda a existência e seguramente são decisivas para a radicação ontológica da ação e do pensamento, por exemplo, mas ainda que decisivamente condicionantes não apresentam propriamente demandas ou deflagram atividades no âmbito da *vita activa*.

---

18 *Ibidem*, p. 366 e 367.
19 *Idem, A condição humana*, p. 14.

A vida, não obstante, consiste na "eterna necessidade natural de efetuar o metabolismo entre o homem e a natureza"[20] – na formulação que Arendt reiteradamente toma de empréstimo a Marx –, de modo que a própria vida traduz-se como uma permanente reposição de necessidades que, por sua vez, protestam por atividade humana para sua saciedade.

A atividade humana que responde aos clamores da vida é o trabalho, que "corresponde ao processo biológico do corpo humano",[21] na medida em que produz e prepara as coisas naturais que nutrem, via consumo, as necessidades do constante metabolismo vital. Assim, o trabalho e o consumo são apenas dois estágios do ciclo incessante da vida biológica. Quando Marx fala de metabolismo, enfatiza Arendt, pensa de fato fisiologicamente: está em questão o processo vital circular no qual o trabalho sacia as necessidades vitais, ao produzir bens de consumo que regeneram o processo vital, e, finalmente, reproduz força de trabalho. Por conseguinte,

> do ponto de vista das exigências do processo vital – a "necessidade de subsistir", como afirmou Locke –, trabalhar e consumir seguem um ao outro tão de perto que quase constituem um único movimento, o qual mal termina tem de começar tudo de novo. A "necessidade de subsistir" comanda tanto o trabalho quanto o consumo; e o trabalho, quando incorpora, "reúne" e "mistura-se" corporalmente às coisas fornecidas pela natureza realiza ativamente aquilo que o corpo faz mais intimamente quando consome seu alimento".[22]

---

20 *Ibidem*, p. 121, nº 34.
21 *Ibidem*, p. 9.
22 *Ibidem*, p. 122 e 123.

CAPÍTULO 4 | QUEM É O *ANIMAL LABORANS*? 81

A atividade do trabalho se confunde com esse metabolismo, de modo que, inversamente, se poderia sustentar que "o consumo, como um estágio do movimento cíclico do organismo vivo, também é em certo sentido trabalhoso [*laborious*]".[23] Mais ainda, na medida em que a vida se traduz no ciclo sempre recorrente da vida biológica nutrida pelos produtos do trabalho via consumo, o viver mesmo é trabalhoso e se confunde com as atividades do trabalho e do consumo. Na solidão do próprio metabolismo cada indivíduo humano converte-se em *animal laborans*, no sentido mais literal da expressão; ou seja, em "apenas uma das espécies animais que povoam a Terra – na melhor das hipóteses, a mais desenvolvida".[24] Assim compreendida, a condição do *animal laborans* corresponde à própria dinâmica do estar vivo que compartilhamos com os outros viventes.[25]

Arendt julga que Marx – "certamente o maior dos filósofos do trabalho" –[26] acaba por definir, em todos os estágios da sua obra, "o homem como um *animal laborans*".[27] Tal hipótese envolve uma série de dificuldades, tangenciadas por Arendt. A primeira diz respeito à distinção entre

---

23 *Idem*, Trabalho, obra, ação, p. 181.

24 *Idem*, A condição humana, p. 104.

25 "A diferença entre o metabolismo especificamente humano com a natureza, que *é* o trabalho, e o metabolismo animal consiste em que o trabalho produz sempre um *excedente*, ou seja, algo que não pode ser imediatamente consumido. Por causa deste *excedente*, Marx pôde identificar e confundir o trabalho com a fabricação. O trabalho excedente serve sempre apenas ao consumo *futuro*, mas nunca ao uso. Também aqui o defeito está em que se deixa de considerar o fator *tempo*" (*idem, Denktagebuch* – 1950-1973, p. 357 [XV, 16, maio 1953]). Grifos no original.

26 *Idem*, Trabalho, obra, ação, p. 178.

27 *Idem*, A condição humana, p. 122, n° 36, 125, 129, 145.

as atividades do trabalho (*labor*) e da obra ou fabricação (*work* ou *fabrication*), reconhecida por ela, como indiquei, ao mesmo tempo como fundamental e inusitada. Segundo seu juízo, Marx teria se enredado em uma série de genuínas contradições justamente por equacionar ambas as atividades, sendo a principal a dificuldade na distinção – e a precária articulação – entre a atividade que realiza o compulsório metabolismo do homem com a natureza, mediante a produção de coisas de curta duração, com aquela que retira dela a matéria-prima para a edificação de um mundo artificial objetivo de coisas duráveis. Desse modo, Marx teria podido ao mesmo tempo afirmar que o homem se distingue dos animais mediante o trabalho e que com a revolução comunista o trabalho será abolido em nome da liberdade.

Esse quadro se complexifica ainda mais se considerarmos, como nota Bikhu Parekh, que o conceito marxiano de trabalho acaba por incluir características das atividades do trabalho, da fabricação e da ação, como compreendidas por Arendt.[28] Isso teria feito com que a atitude de Marx para com o trabalho tenha sido sempre equívoca, para Arendt:

> embora o trabalho fosse uma "eterna necessidade imposta pela natureza" e a mais humana e produtiva das atividades do homem, a revolução, segundo Marx, não tinha a tarefa de emancipar as classes trabalhadoras, mas de emancipar o homem do trabalho; somente quando o trabalho é abolido pode o "reino da liberdade" suplantar o "reino da necessidade".[29]

---

28 B. Parekh, Hannah Arendt's critique of Marx, p. 85 e 86.
29 H. Arendt, *A condição humana*, p. 128.

CAPÍTULO 4 | QUEM É O *ANIMAL LABORANS?* **83**

É certo que se Marx não distingue trabalho de fabricação, como sustenta Arendt, também não seria possível para ela afirmar que em toda a sua obra ele define o homem como um *animal laborans*, no sentido da dinâmica mais elementar do estar vivo. O mesmo se aplica à afirmação marxiana de que a distinção entre os homens e os animais é devedora da capacidade humana de produzir seus meios de subsistência, pois para ele é decisivo, como tem de reconhecer Arendt, o projeto concebido pela imaginação produtiva do fabricante:

> a aranha realiza operações que lembram as de um tecelão, e a abelha envergonharia muitos arquitetos na construção de seus alvéolos. Mas o que distingue o pior dos arquitetos da melhor das abelhas é o fato de que o arquiteto erige sua estrutura na imaginação antes de construí-la na realidade. Ao fim de cada processo-de-trabalho, temos um resultado que já existia na imaginação do trabalhador desde o começo.[30]

Como indicado em *A ideologia alemã*, a produção que opera como diferença humana específica "não deve ser considerado meramente sob o aspecto de ser a reprodução da existência física dos indivíduos",[31] mas como o trabalho racional nos moldes do que Arendt identifica como fabricação. De modo análogo, quando afirma, no âmbito de uma análise da distinção entre trabalho produtivo e trabalho improdutivo, que "Milton produziu o *Paraíso Perdido* pela mesma

---

30 K. Marx e F. Engels, *Capital:* a critique of political economy [Modern Library], p. 198, *apud* H. Arendt, *A condição humana*, p. 122.
31 K. Marx e F. Engels, *A ideologia alemã*, p. 87.

razão que o bicho-da-seda produz seda",[32] como atividades que lhes são próprias e não como parte do processo capitalista de produção de mais valia, seguramente não buscava equiparar a atividade e a obra de Milton com a atividade do bicho-da-seda e o resultado dela.

Em todo caso, quando Arendt designa *animal laborans* a dimensão do mero estar vivo em metabolismo com a natureza e *homo faber* à dimensão da existência capaz de criar um mundo humano, artificialmente edificado a partir do material da natureza – "a criação prática de um mundo objetivo" –, parece em alguma medida concordar com Marx, nessa alteração de *animal* para *homo*, acerca de que o primeiro estágio da humanização do homem repousa na sua capacidade de reificação, de edificação de mundo – em sua mundanidade, nos termos arendtianos. O *homo laborans*, portanto, não pode existir – ao contrário do que Giorgio Agamben, por exemplo, incidentalmente indica.[33] É o próprio Agamben, entretanto, que demarca com clareza em outra obra a posição marxiana:

> Marx pensa o ser do homem como produção. Produção significa: práxis, "atividade humana sensível". Qual é o caráter dessa atividade? Enquanto o animal – escreve Marx – é imediatamente uma unidade com a sua atividade vital, *é* a sua atividade vital, o homem, ao contrário, não se confunde com

---

32 K. Marx, *Theories of surplus value*, p. 186, *apud* H. Arendt, *A condição humana*, p. 122; cf. *Ibidem*, p. 399.

33 *Homo sacer I*: o poder soberano e a vida nua I, p. 11.

CAPÍTULO 4 | QUEM É O *ANIMAL LABORANS?* 85

> ela, faz da sua atividade vital um meio para a sua existência, não produz de modo unilateral, mas de modo universal.[34]

Por meio da produção o homem se constitui como ser capaz de um gênero, ou como ser pertencente a um gênero (*Gattungswesen*), não no sentido biológico de espécie natural, mas no de que "há para o homem um *continente original*, um princípio que faz com que os indivíduos humanos não sejam estranhos uns para os outros, mas sejam precisamente *humanos*, no sentido de que em todo homem está imediata e necessariamente presente o gênero inteiro".[35] A produção de um mundo objetivo é o princípio original que redunda na autoprodução do homem.

Hannah Arendt, em cuja obra Agamben se inspira amplamente nas considerações anteriores, radicaliza essa interpretação, em um movimento central à sua compreensão do amplo significado do termo *animal laborans*: como dimensão fundamental da existência condicionada pela vida; como produto da sociedade atomizada; como mentalidade e "modo de vida" extraídos das condições do mero viver. Para ela, "o ideal infelizmente nada utópico que orienta as teorias de Marx" é o de "uma sociedade completamente 'so-

---

34 *Idem, O homem sem conteúdo*, p. 131 e 132. Grifo no original.
35 *Ibidem*, p. 134. Grifos no original. Em grande medida, tais observações reverberam a "paradoxal pluralidade de seres únicos" que para Arendt define a pluralidade humana, traduzida principalmente na singular capacidade para afirmar sua própria distinção, "comunicar a si próprio e não apenas comunicar alguma coisa – como sede, fome, afeto, hostilidade ou medo". H. Arendt, *A condição humana*, p. 218.

cializada', cuja única finalidade fosse a sustentação do processo vital".[36] E enfatiza:

> uma sociedade de massas de trabalhadores, tal como Marx tinha em mente quando falava de uma "humanidade socializada", consiste em espécimes sem mundo da espécie humana, quer sejam escravos domésticos, levados a essa infeliz situação pela violência de outrem, quer sejam livres, exercendo voluntariamente suas funções.[37]

A não mundanidade decorre da expelição do *animal laborans* do mundo (tanto do mundo artificial do *homo faber* com o qual tem contato apenas mediante as ferramentas e utensílios, quanto, principalmente, do mundo comum dos agentes políticos). Os produtos do trabalho realizado pelo *animal laborans* para nutrir o processo vital são os mais perecíveis e mais naturais dos produtos humanos, de modo que não demoram no mundo tempo suficiente para chegar a fazer parte dele.[38] Por outra parte, o *animal laborans* permanece adstrito à satisfação de suas necessidades corporais compulsivas, incompartilháveis e significativamente incomunicáveis. Desse modo, quando ainda constrói uma vida social, ela é gregária e sem mundo, ao contrário do *homo faber*, que, ainda que não possa constituir um domínio político propriamente dito, tem em seu mercado de trocas seu domínio público próprio.

---

36 H. Arendt, *A condição humana*, p. 109.
37 *Ibidem*, p. 146.
38 Cf. *ibidem*, p. 263.

CAPÍTULO 4 | QUEM É O *ANIMAL LABORANS?* 87

> A manufatura [*workmanship*], portanto, talvez constitua um modo apolítico de vida, mas certamente não é antipolítico. Contudo, este último é precisamente o caso do trabalho, atividade na qual o homem não está junto ao mundo nem convive com os outros, mas está sozinho com seu corpo ante a pura necessidade de manter-se vivo.[39]

Nesse movimento é notável o deslocamento significativo da compreensão das dimensões fundamentais da existência para a tipificação de "modos de vida" constituídos a partir delas. Enquanto viventes, como assinalei, somos sempre *animal laborans*, ou seja: somos condicionados pelo processo vital biológico a realizar as atividades do trabalho e do consumo, abandonados no âmbito da estrita privatividade das funções corporais e do lar no qual a vida é o bem supremo. Presidida por uma temporalidade cíclica tipificada no incessante metabolismo com a natureza, no ciclo de esgotamento e regeneração, a atividade do trabalho não humaniza, não singulariza nem transcende a necessidade sem o auxílio da capacidade reificadora do *homo faber*, hábil na produção de objetos, dentre os quais cabe destacar as

---

39 *Ibidem*, p. 263. "O *animal laborans* corresponde ao *animal rationale*, não ao *zoon logon ekhon*. A *força* de trabalho, assim como a *ratio*, *radica* em nós, enquanto a palavra está imediatamente no mundo, refere-se ao mundo e perece quando se dirige apenas a nós mesmos. O próprio pensamento necessita do diálogo da solidão e se cinde. O trabalho e a razão são inteiramente subjetivos. Essa *subjetivização* pode ser constatada em toda parte, mas mais claramente quando a linguagem se converte em razão e a lei do limite *entre* os homens passa a ser a lei *interior*. Nessa interiorização produz-se a despolitização do homem, que agora vê no entre apenas o inimigo do interior, do homem *autêntico* [*eigentlichen*]. O *público* é vencido pelo 'privado'". *Ibidem*, p. 426 [XVIII, 10, ago. 1953]. Grifos no original.

ferramentas e instrumentos que vêm em auxílio do *animal laborans* com vistas a sua liberação do aprisionamento ao imperativo da necessidade.

O *homo faber*, assim, traduz a capacidade propriamente humana de edificação de mundo, e desse modo corresponde à condição humana da mundanidade, a requerer um mundo artificial de coisas duráveis destinadas ao uso, que instaura uma temporalidade linear na qual se podem reconhecer vidas individuais, e não apenas a vida da espécie. Não se trata mais de sintonizar o ritmo da existência ao ritmo da natureza, como no caso do trabalho, mas de violar a natureza para extrair dela material para a edificação do mundo. Ainda que pague o preço da ruína do significado em um mundo estritamente utilitário, o *homo faber* já vive uma vida humana, ainda que não na plenitude de suas potencialidades, alcançada apenas no mundo politicamente organizado como palco para a aparição via ação e discurso, no qual o intercâmbio das diferentes perspectivas constitui o sentido do mundo.

No cerne dos desdobramentos da era moderna temos a vitória do *animal laborans*. Historicamente, para Arendt, essa vitória deveu-se à promoção do trabalho decorrente do advento do social, que pode ser mais remotamente remetido à Idade Média e aos primórdios do feudalismo, quando o antigo abismo entre o restrito domínio do lar e o elevado domínio político foi progressivamente preenchido por uma "organização pública do processo vital".[40] Nessa esfera social, os interesses privados adquirem relevância pública, ou,

---

40 *Idem, A condição humana*, p. 56. Cf. p. 41 e segs.

CAPÍTULO 4 | QUEM É O *ANIMAL LABORANS?*   89

mais propriamente, o privado e o público dissolvem-se no coletivo, no qual não se espera por ação, mas por comportamento, na medida em que se impõem *"inúmeras e variadas regras, todas elas tendentes a 'normalizar' os seus membros, a fazê-los comportarem-se, a excluir a ação espontânea ou a façanha extraordinária"*.[41] Assim, para Arendt esse gênero moderno de igualdade redunda necessariamente em uniformidade, na medida em que se baseia no conformismo constitutivo da sociedade.

Isso se dá porque para Arendt na modernidade não subsiste a inicial prevalência do mercado de trocas que é a forma do contato do *homo faber* com alguma dimensão pública da existência. A capacidade de reificação do *homo faber* foi absorvida, via industrialização e automação, pela dinâmica e pelo ritmo do trabalho do *animal laborans* em uma sociedade de empregados. Esse trabalho, distintamente da atividade da fabricação do *homo faber,* não produz como efeito identidade alguma, pois há uma alienação constitutiva do estar junto do *animal laborans* em relação a qualquer espaço de aparência, já que seu estar junto se dá sob a forma do amálgama. O *animal laborans,* por seu turno, na medida em que incorpora a engenhosidade do *homo faber,* vê ampliado o horizonte de suas necessidades e carências, assim como de sua produtividade, via divisão do trabalho e mecanização. Com a emancipação do trabalho, o *animal laborans* assim transfigurado promove constantemente "o crescimento artificial (*unnatural*) do natural".[42]

---

41 *Ibidem*, p. 50. Grifo meu.
42 *Ibidem*, p. 58.

A sociedade, em analogia com uma grande família, possui para Arendt um caráter tão marcadamente monolítico que não se pode depositar em sua transformação qualquer expectativa de real emancipação com vistas à fundação da liberdade política. Paga-se com a sociedade preço análogo ao da tirania: "o principal objetivo do tirano é condenar os homens aos seus lares privados, o que equivale a privá-los da possibilidade da sua humanidade [...], [pois] apenas onde era percebido por outros alguém podia, ao distinguir-se, assenhorar-se de sua própria humanidade".[43] À hipótese liberal de uma "harmonia de interesses conflitantes", enfatiza Arendt, subjaz a ficção ou o ideal comunista que supõe um interesse único da sociedade a articular os interesses conflitantes dos agentes individuais com uma "mão invisível", implicando a progressiva transformação fundamental do governo em administração. Nesse cenário, a própria economia é substituída pelas "ciências do comportamento"[44] – ou, para dizer como Foucault sobre o caso do neoliberalismo, ocorre uma progressiva imbricação entre economia e psicologia comportamental.[45]

---

43 *Idem*, A grande tradição, p. 290 e 291.

44 *Idem*, *A condição humana*, p. 55. "O problema com as modernas teorias do comportamentalismo não é que estejam erradas, mas sim que possam tornar-se verdadeiras, que realmente constituam a melhor conceituação possível de certas tendências óbvias da sociedade moderna. É perfeitamente concebível que a era moderna – que teve início com um surto tão promissor e tão sem precedentes de atividade humana – venha a terminar na passividade mais mortal e estéril que a história jamais conheceu." *Ibidem*, p. 400.

45 *O nascimento da biopolítica* – curso dado no Collège de France (1978-1979), p. 368.

CAPÍTULO 4 | QUEM É O *ANIMAL LABORANS*?

Marx teria herdado acriticamente dos economistas políticos da era moderna a premissa axiomática de que "*a política é apenas uma função da sociedade*",[46] equivocando-se, por conseguinte, ao julgar que uma completa vitória da sociedade conduziria à liberdade, em vez de provavelmente à tirania do governo burocrático de ninguém.

> A economia clássica pressupunha que o homem, na medida em que é um ser ativo, age exclusivamente por interesse próprio e é movido por um único desejo, o desejo de aquisição. A introdução, por Adam Smith, de uma "mão invisível para promover um fim que não fazia parte da intenção [de ninguém]" demonstra que mesmo esse mínimo de ação, com a sua motivação uniforme, contém ainda demasiada iniciativa imprevisível para o estabelecimento de uma ciência. Marx desenvolveu a economia clássica mais ainda ao substituir os interesses individuais e pessoais por interesses de grupo ou de classe, e ao reduzir esses interesses de classe a duas classes principais, de capitalistas e operários, de sorte que só lhe restou um conflito em que a economia clássica enxergava uma multidão de conflitos contraditórios. O motivo pelo qual o sistema econômico de Marx é mais consistente e coerente, e, portanto, aparentemente muito mais "científico" que os de seus predecessores, reside primordialmente na construção do "homem socializado", que é um ser ainda menos ativo que o "homem econômico" da economia liberal.[47]

---

46 H. Arendt, *A condição humana*, p. 40. Grifo meu.

47 *Ibidem*, p. 51 e 52, nº 35. "Uma tirania que governasse 'trabalhadores', como, por exemplo o domínio sobre os escravos na Antiguidade, seria automaticamente um domínio de homens solitários, não apenas isolados, e tenderia a ser totalitária." *Idem, As origens do totalitarismo*, p. 527. O governo sobre o agente econômico como "parceiro da troca", como pensado no liberalismo clássico, seria assim menos oniabrangente que o governo dos indivíduos na

Assim, Marx representa teoricamente para Arendt o ponto de inflexão legitimador da vitória do *animal laborans*, na medida em que teria concebido a imagem de uma humanidade socializada na qual não está em jogo a vida egoísta do indivíduo a agir por interesse próprio, mas a vida social em que há sempre interesses de classes em conflito: o sujeito do interesse único da humanidade socializada "são as classes ou o gênero humano, mas não o homem nem os homens".[48] Com isso o último vestígio de impulso individual para a ação se desvanece e o que resta é a assimilação da vida individual à dinâmica de manutenção coletiva do processo vital. Ademais, ela julga que em Marx "a ação política é motivada por interesses materiais e não por princípios políticos",[49] algo de que não pode partilhar.

Esse cenário não se alteraria nem pela emancipação da classe trabalhadora, nem pela emancipação progressiva e generalizada com relação ao trabalho. Com ironia e hipérbole aparentemente involuntárias, Arendt afirma que os "homens socializados", como pensados por Marx, "gozariam sua liberação do trabalho naquelas atividades estritamente privadas e essencialmente sem mundo que hoje chamamos de 'passatempos' [*hobbies*]"[50] – ou seja, todas as atividades

---

sociedade de empregados, que agem como "empresários de si mesmos" e são amplamente adaptáveis às variáveis do meio que habitam. Cf. Michel Foucault, *O nascimento da biopolítica* – curso dado no Collège de France (1978-1979), p. 369.

---

48 *Idem, A condição humana*, p. 398.
49 B. Parekh, Hannah Arendt's critique of Marx, p. 91.
50 H. Arendt, *A condição humana*, p. 145.

CAPÍTULO 4 | QUEM É O *ANIMAL LABORANS?* 93

não inteiramente relacionadas à manutenção do processo vital, da pintura à crítica cultural, da marcenaria doméstica à coleção de objetos. Para Arendt, o que é mais grave, o otimismo mecanicista de Marx, a confiar que a força liberada no processo vital seria investida automaticamente em atividades eventualmente mais elevadas, revelou-se historicamente uma falácia: "o tempo excedente do *animal laborans* jamais é empregado em algo que não seja o consumo, e quanto maior é o tempo de que ele dispõe, mais ávidos e ardentes são os seus apetites".[51]

Entretanto, Arendt suspeita que Marx parece ter antevisto o risco de a emancipação dos trabalhadores não implicar liberdade quando defendeu a emancipação em relação ao trabalho como uma emancipação da necessidade – portanto, como vimos, também em relação ao consumo. A realização possível dessa utopia via automação, como se imaginava nos tempos de Arendt, trazia não obstante o temor de que restasse do trabalho apenas ou principalmente o esforço de consumir – ou de que a economia utilitária se converta em definitivo em economia do desperdício. Com efeito, ela assinala, em uma nota de 1953 em seus *Diários de pensamento*, o seguinte:

> o princípio americano do desperdício [*waste*] é o princípio econômico por excelência da sociedade industrial, que é a descoberta realmente original dos EUA: uma vez que todas as coisas produzidas são fabricadas melhor e mais rapidamente mediante o trabalho, elas têm também de ser tratadas

---

51 *Ibidem*, p. 165.

como os produtos do trabalho, isto é, não usadas, mas esgotadas, consumidas. Mas isso só pode ser realizado mediante o desperdício [*waste*].[52]

Como indicarei no oitavo capítulo, agudizou-se cada vez mais a preocupação de Arendt com a ruína das instituições da liberdade por conta da frivolidade da vida dedicada ao consumo. A obsessão com o progresso, cuja meta é antes o movimento, teria sido o agente mais profundo de transformação de uma sociedade de produtores em uma sociedade de consumidores. Essa sociedade só pode se manter em funcionamento se engendrar uma economia do desperdício:

> porque parar de se mover, parar de desperdiçar, parar de consumir cada vez mais, sempre mais e mais rápido, dizer a qualquer dado momento que basta, é o suficiente, significaria a ruína imediata. Esse progresso, acompanhado pelo barulho incessante das agências de propaganda, mantém-se à custa do mundo em que vivemos e dos objetos com sua obsolescência embutida, que já não usamos, mas de que abusamos, que empregamos mal e jogamos fora. O recente despertar para as ameaças ao nosso meio ambiente é o primeiro raio de esperança nesse processo, embora ninguém, que eu saiba, tenha encontrado ainda um meio de parar essa economia desenfreada sem causar de fato um colapso de grande proporção.[53]

Para Arendt, "a uniformidade estatística não é de modo algum um ideal científico inócuo; é sim o ideal político, não

---

52 *Denktagebuch* – 1950 -1973, p. 349 [XV, 7, abr. 1953].
53 *Idem*, Tiro pela culatra, p. 332 e 333.

CAPÍTULO 4 | QUEM É O *ANIMAL LABORANS?*   **95**

mais secreto, de uma sociedade que, inteiramente submersa na rotina da vida cotidiana, aceita pacificamente a concepção científica inerente à sua própria existência".[54] Em todo caso, cabe notar na posição de Arendt o subjacente otimismo, dissonante de suas próprias conclusões em *A condição humana*, a respeito das implicações políticas da moderna tecnologia, em sua relação com a ideologia e a economia capitalista. Apenas isso poderia explicar sua suposição de que "a tecnologia, em contraste com a socialização, é politicamente neutra", na medida em que "não prescreve nem exclui nenhuma forma específica de governo".[55] Também por isto sua frequente e notável negligência das implicações políticas do modo de produção capitalista não pode deixar de ser incômoda. Isso contrasta com sua indicação de que

> a especialização da obra e a divisão do trabalho têm em comum somente o princípio geral da organização, princípio este que nada tem a ver com a obra ou o trabalho, mas deve sua origem à esfera estritamente política da vida, ao fato de que o homem é capaz de agir, e de agir em conjunto e em concerto. Somente dentro da estrutura da organização política, onde os homens não apenas vivem, mas agem em

---

54 *Idem, A condição humana*, p. 53.
55 *Idem, Sobre a revolução*, p. 100. De acordo com Wellmer, quando busca indicar a autonomia do político "Arendt sugere ocasionalmente que, se for necessário, o problema da justiça social também seria resolvida de um modo reacional mediante uma burocracia de bem-estar funcionando de modo adequado. Se não for um caso de esnobismo, é de uma ingenuidade extrema. Seria muito mais consistente se ela reconhecesse que as questões sociais – assim como as econômicas – *tornam-se políticas* no momento em que são consideradas de interesse comum, dentro das fronteiras da esfera pública". Arendt on revolution, p. 234. Grifos no original.

conjunto, podem ocorrer a especialização da obra e a divisão do trabalho.[56]

Também por isto julgo que a relação entre Arendt e Marx é um capítulo ainda a ser escrito na recepção da sua obra, pois seguramente não é um equívoco afirmar que a atualidade do seu pensamento é devedora tanto da sua distância de Marx quanto da sua proximidade dele. Com efeito, parte da grandeza que Arendt inegavelmente reconhece em Marx, mas parte também do que censura, se deve ele tenha transfigurado a questão social em força política por ter interpretado politicamente o constrangimento da pobreza em massa. Seria difícil ela não dar razão a Marx, e reconhecer, como formula Anne Amiel, que "a economia é suscetível de ser alterada por meios políticos e revolucionários na medida em que ela própria se assenta no poder político".[57]

A era moderna, desde seu início até inclusive em nossa época, comporta entre suas características fundamentais as atividades típicas do *homo faber*:

> a instrumentalização do mundo, a confiança nas ferramentas e na produtividade do fazedor de objetos artificiais; a confiança na oniabrangência da categoria meios-fim, a convicção de que qualquer assunto pode ser resolvido e qualquer motivação humana reduzida ao princípio da utilidade; a soberania, que concebe todas as coisas dadas como material e toda a natureza como "um imenso tecido do qual podemos cortar qualquer pedaço e tornar a coser como quisermos" [Bergson],

---

56 H. Arendt, *A condição humana*, p. 151.
57 *A não-filosofia de Hannah Arendt*: revolução e julgamento, p. 204.

CAPÍTULO 4 | QUEM É O *ANIMAL LABORANS?* 97

o equacionamento da inteligência com a engenhosidade, ou seja, o desprezo por qualquer pensamento que não possa ser considerado como "primeiro passo (...) para a fabricação de objetos artificiais, principalmente de ferramentas para fabricar outras ferramentas e para variar sua fabricação indefinidamente" [Bergson]; e, finalmente, sua identificação natural da fabricação com a ação.[58]

Entretanto, diz Arendt, foi vencido pelo *animal laborans* – o qual não coincide com "classe social" alguma, mas com uma "mentalidade", ou ainda, como indicarei, um paradoxal "modo de vida". Os ideais da permanência, da estabilidade e da durabilidade, do *homo faber*, foram vencidos pelo ideal da abundância que o *animal laborans* compreende como felicidade – seguramente uma felicidade paradoxal, como nota Giorgio Agamben.[59] Assim, o *homo faber* perdeu, com o declínio da contemplação e das medidas permanentes que operavam na concepção dos seus modelos de produção; perdeu mais quando o materialismo mecanicista foi derrotado pelo naturalismo vitalista; foi derrotado ainda com a promoção da introspecção a experiência humana fundamental, ao invés da relação com o mundo; por fim, a mudança moderna da ênfase de "o que" para "o como" e a resultante centralidade do conceito de processo foi devastador para uma atividade que extrai seu sentido da relação

---

58 H. Arendt, *A condição humana*, p. 378 e 379.
59 Cf. *ibidem*, p. 155. A específica aporia da democracia moderna em relação à clássica "consiste em querer colocar em jogo a liberdade e a felicidade dos homens no próprio ponto – a 'vida nua' – que indicava a sua submissão". Giorgio Agamben, *Homo sacer I* – o poder soberano e a vida nua I, p. 17. Cf. H. Arendt, *O que é política?*, p. 74.

meios-fim. Apenas tendo isso em consideração poderíamos em alguma medida compreender por que o princípio de utilidade do *homo faber*, tão típico do espírito moderno, foi rapidamente substituído pelo "da maior felicidade do maior número" – não mais a utilidade das coisas produzidas em um mundo, mas a "'felicidade', isto é, a quantidade de dor e de prazer experimentada na produção ou no consumo das coisas".[60]

Esse *animal laborans* – compreendido como uma "mentalidade" ou, paradoxalmente, um "modo de vida" – é análogo ao do último homem em Nietzsche,[61] na medida em que supõe ter inventado ou encontrado a felicidade e anda na Terra aos pulinhos, a tudo apequenando. Esse *animal laborans* não clama por redenção do aprisionamento à necessidade no processo vital, uma vez que encerra na própria necessidade o horizonte da sua "felicidade".

O que se chama eufemisticamente de cultura de massas traduz antes, para Arendt, a funcionalização do domínio público para a exibição de atividades privadas em público, com a consequente subversão desse mesmo domínio público. O arraigado problema dessa cultura de massas

> é uma infelicidade universal, devida, de um lado, ao problemático equilíbrio entre o trabalho e o consumo e, de outro, à persistente demanda do *animal laborans* de obtenção de uma felicidade que só pode ser alcançada quando os processos vitais de exaustão e de regeneração, de dor e de alijamento da dor, atingem um perfeito equilíbrio. A universal demanda

---

60 H. Arendt, *A condição humana*, p. 383.
61 *Assim falou Zaratustra* – um livro para todos e para ninguém, p. 41.

de felicidade e a infelicidade extensamente disseminada em nossa sociedade (que são apenas os dois lados da mesma moeda) são alguns dos mais persuasivos sintomas de que já começamos a viver em uma sociedade de trabalho que não tem suficiente trabalho para mantê-la contente. *Pois somente o* animal laborans, *e não o artífice nem o homem de ação, sempre demandou ser "feliz" ou pensou que homens mortais pudessem ser felizes.*[62]

O paroxismo de tais pretensões é bem traduzido por Zygmunt Baumann no seguinte trecho:

o valor mais característico da sociedade de consumidores, de fato seu metavalor, o valor supremo em relação ao qual todos os outros são levados a justificar seus próprios valores, é a *vida feliz.* Nossa sociedade de consumidores talvez seja a única na história humana a prometer felicidade na *vida terrena, aqui e agora*, em cada um e todos os "agora" – uma felicidade não postergada e sempre contínua; é a única que se abstém de justificar qualquer variedade de *in*felicidade, que se recusa a tolerá-la e a apresenta como uma abominação a exigir castigo para seus culpados e compensação para as vítimas.[63]

Com a moderna divisão do trabalho e a mecanização do processo de produção, a fabricação assume o caráter de trabalho, considerando tanto a ausência de autoria quanto a repetição e a interminabilidade do processo, algo que só se torna possível porque a abundância mesma condena os ob-

---

62 H. Arendt, *A condição humana*, p. 165. Grifo meu.
63 *A ética é possível num mundo de consumidores?*, p. 171. Grifos no original.

jetos de uso a bens de consumo, como indiquei no capítulo precedente. Em última instância,

> temos de consumir, devorar, por assim dizer, nossas casas, nossa mobília, nossos carros, como se estes fossem as "coisas boas" da natureza que se deteriorariam inaproveitadas se não fossem arrastadas rapidamente para o ciclo interminável do metabolismo do homem com a natureza. *É como se houvéssemos rompido à força as fronteiras distintivas que protegiam o mundo, o artifício humano, da natureza*, tanto o processo biológico que prossegue dentro dele quanto os processos naturais cíclicos que o rodeiam, entregando-lhes e abandonando-lhes a sempre ameaçada estabilidade de um mundo humano.[64]

A destruição da fronteira natureza/mundo só pode redundar, pensa Arendt, na devastação do mundo, tanto como artifício humano quanto como mundo comum, mas também potencialmente da natureza, com a inserção de processos novos a contaminá-la com a imprevisibilidade e irreversibilidade da ação humana. Cabe perguntar por que o mesmo não se aplicaria à relação entre economia e política. Com efeito, um dos preços que Arendt tem de pagar por sua análise do social é justamente a dificuldade na compreensão dos vínculos estreitos entre economia e política no âmbito do capitalismo.[65] Para Arendt, não obstante, a economia

---

64 H. Arendt, *A condição humana*, p. 165. Grifo meu.

65 Essa é uma das críticas feitas a ela por Maurizio P. D'Entrèves, as quais examinarei mais detidamente no sexto capítulo. Para ele, Arendt teria sido realmente "incapaz de reconhecer que uma economia capitalista moderna constitui uma estrutura de poder, determinando a alocação de recursos e a

CAPÍTULO 4 | QUEM É O *ANIMAL LABORANS*?

parece ser apenas o primeiro âmbito de que se apoderou a sociedade. Para ela,

> todas as nossas experiências – e não teorias e ideologias – nos contam que o processo de expropriação, que começou com a ascensão do capitalismo, não cessa com a expropriação dos meios de produção; só instituições legais e políticas independentes das forças econômicas e seu automatismo podem controlar e equilibrar as monstruosas potencialidades inerentes a esse processo. Tais controles políticos parecem funcionar melhor nos chamados "Estados de bem-estar", quer chamem a si mesmos de "socialistas" ou de "capitalistas". *O que protege a liberdade é a divisão entre poder econômico e poder governamental, ou, na linguagem de Marx, o fato de que o Estado e sua constituição não são superestruturas.*[66]

Para ela, essa separação entre economia e política é inteiramente não marxista, de modo que, quando Lênin sintetizou a essência e os objetivos da Revolução Russa na fórmula "Eletrificação + sovietes", ele permitiu apenas que seus dotes como estadista prevalecessem "sobre sua formação e convicção ideológica marxista".[67]

---

distribuição dos ônus e benefícios. Ao se apoiar na analogia enganosa com a família, Arendt sustentou que todas as questões relativas à economia eram pré-políticas e, portanto, ignorou a questão crucial do poder econômico e da exploração". *The political philosophy of Hannah Arendt*, p. 60.

---

66 H. Arendt, Reflexões sobre política e revolução, p. 183. Grifo meu. Cf. *Denktagebuch* – 1950 -1973, p. 355 [XV, 15, maio 1953]. Albrecht Wellmer, em Arendt on revolution, p. 240, sustenta que "sem algum tipo de domesticação democrática do capitalismo a autodeterminação deixará de ser viável como um projeto *político*". Grifos no original.

67 *Idem, Sobre a revolução*, p. 100.

O *animal laborans* vencedor traduz antes um "modo de vida" paradoxalmente extraído da dinâmica do mero viver, em seu ciclo permanente de esgotamento e regeneração, dor e prazer. Paradoxal porque o caráter compulsório da necessidade que está na base do mero viver, comparável à violência da tortura, não permite que se conceba um modo de vida, isto é, uma forma de vida livremente escolhida no âmbito das possibilidades humanas de autoconfiguração deliberada.[68] Para Arendt, a constituição de um *bíos*, uma vida individual identificável da qual se pode contar uma história, a partir da *zoé*, do mero viver, em seu metabolismo de trabalho e consumo, pode ser algo apenas aporético, portanto, com implicações altamente danosas à dignidade humana, indissociável da singularidade e da capacidade de distinção de cada indivíduo. Pois a abundância não redime a futilidade: "o consumo isento de dor e de esforço não mudaria o caráter devorador da vida biológica, apenas o aumentaria até que uma humanidade completamente 'liberada' dos grilhões da dor e do esforço estivesse livre para 'consumir' o mundo inteiro e reproduzir diariamente todas as coisas que desejasse consumir".[69] Antes

---

68 *Idem, A condição humana*, p. 159. "Se algo caracteriza, portanto, a democracia moderna, em relação à clássica, é que ela se apresenta desde o início como uma reivindicação e uma liberação da *zoé*, que ela procura constantemente transformar a mesma vida nua em forma de vida e de encontrar, por assim dizer, o *bíos* da *zoé*." G. Agamben, *Homo sacer I – o poder soberano e a vida nua I*, p. 17.

69 H. Arendt, *A condição humana*, p. 163. "A razão pela qual Sorel agarrou-se à sua fé marxista na classe trabalhadora era que os trabalhadores eram 'produtores', o único elemento criativo na sociedade, aqueles que, segundo Marx, estavam destinados a liberar as forças produtivas da humanidade; *o único problema era que, assim que os trabalhadores atingiam um nível satisfatório de condições de vida e trabalho, recusavam-se obstinadamente a permanecer*

CAPÍTULO 4 | QUEM É O *ANIMAL LABORANS?* **103**

o contrário, trata-se de uma sujeição pelo fomento e da produção de uma nova superfluidade, pois

> quanto mais fácil se tornar a vida em uma sociedade de consumidores ou de trabalhadores, mais difícil será preservar a consciência das exigências da necessidade que a compele, mesmo quando a dor e o esforço, as manifestações externas da necessidade, são quase imperceptíveis. O perigo é que tal sociedade, deslumbrada pela abundância de sua crescente fertilidade e presa ao suave funcionamento de um processo interminável, já não seria capaz de reconhecer a sua própria futilidade.[70]

Os homens são seres condicionados, diz Arendt, e não apenas por suas condições fundamentais, mas também "porque tudo aquilo com que eles entram em contato torna-se imediatamente uma condição de sua existência".[71] A diluição da fronteira entre uso e consumo e a consequente ilimitabilidade de um consumo desatrelado das necessidades vitais imediatas, em um "modo de vida" artificialmente natural, por assim dizer, promove a desertificação do mundo do *homo faber* de modo análogo a como o terror o faz, no âmbito da dominação totalitária, com o mundo comum do homem de ação.

A mundanidade do homem e a sua possibilidade de emancipação da necessidade estão em permanente risco ante a alienação do *animal laborans* em relação ao mundo, tanto

---

proletários e a desempenhar seu papel revolucionário." Idem, *Sobre a violência*, p. 53. Grifo meu.

---

70 Idem, *A condição humana*, p. 167.
71 *Ibidem*, p. 10.

como artifício humano como espaço da aparência. Está em questão o fato de "que uma sociedade de consumidores possivelmente não é capaz de saber como cuidar de um mundo e das coisas que pertencem de modo exclusivo ao espaço das aparências mundanas, visto que sua atitude central em relação a todos os objetos, a atitude de consumo, condena à ruína tudo em que toca".[72] E o *animal laborans*, como uma espécie animal dentre outras "vive em um mundo próprio".[73] Em certo sentido, é do mundo e não apenas está nele, mas não constitui mundo nem define o modo da sua aparição, pois mundo aí não passa de meio, ou ambiente.

A fronteira entre ambiente e mundo, ou Terra e mundo, é também o que está em questão quando Heidegger busca explicitar a sua tese de que o animal é pobre de mundo, em contraposição à pedra, que é sem mundo, e ao homem, que é formador de mundo. O animal, a despeito da diferença entre os mais e os menos complexos, permanece fechado "nos poucos elementos que definem o seu mundo perceptivo",[74] e em vista disto pode apenas se comportar, mas nunca agir. Heidegger fornece um exemplo concreto para encaminhar a sua tese de que o animal é pobre de mundo, no sentido de ser incapaz de percebê-lo como algo simplesmente dado.

> Colocou-se a abelha diante de um pequeno recipiente cheio de mel, de modo que ela não poderia sugar o mel presente de uma vez só. Ela começa a aspirar. Depois de certo tempo, ela interrompe esta atividade pulsional de sucção, voa dali e dei-

---

72 *Idem*, A crise na cultura, p. 264.
73 *Idem*, *A vida do espírito*, p. 36.
74 G. Agamben, *O aberto:* o homem e o animal, p. 72.

CAPÍTULO 4 | QUEM É O *ANIMAL LABORANS?*

> xa para trás o mel restante ainda presente. Se quisermos es-
> clarecer esta atividade pulsional de maneira correspondente,
> precisamos dizer: a abelha constata que ela não consegue dar
> conta de todo o mel presente (...). A questão é que se obser-
> vou que uma abelha, quando se secciona cuidadosamente o
> abdômen durante a sucção, tranquilamente continua beben-
> do, enquanto o mel não para de escorrer por detrás dela. Mas
> isto mostra de maneira concludente – diz ele – que a abelha
> não constata de maneira alguma o excesso de presença de
> mel. Ela não constata nem isto, nem mesmo apenas – o que é
> menos compreensível – a falta de seu abdômen.[75]

A abelha está simplesmente presa ao alimento e é justamente este estar preso que a impede de se contrapor à
comida, de reconhecê-la como um objeto. Examinando o
experimento, Heidegger indica ainda que não é a constatação do excesso de mel que inibe a atividade de sucção, mas
a saturação. Assim, diz ele, tal "atividade pulsional não é um
direcionar-se para coisas objetivamente presentes a partir
de uma constatação, mas um *comportamento*".[76]

Deslocando das considerações heideggerianas esse exemplo, importa assinalar, mais do que isto, consoante ao que aqui
apenas aludimos no que concerne ao *animal laborans*, que
uma perturbação da relação entre necessidade e saciedade
pode fazer com que a necessidade trague tudo à sua volta. O
animal laborans, como a possibilidade mais remota da configuração do humano, circunscreve o espaço de satisfação

---

75 M. Heidegger, *Os conceitos fundamentais da metafísica:* mundo, finitude,
solidão, p. 277.
76 *Ibidem*, p. 278. Grifos no original.

possível no horizonte restrito da fruição inscrita na mera condição de membro de uma espécie animal. Não obstante, uma vez convertido de mais remota configuração do humano em mentalidade prevalente como modelo do desenvolvimento humano e de suas aspirações, o *animal laborans* traduz a imagem de um animal transfigurado.

O *animal laborans* assim compreendido, ao contrário das outras espécies animais, pode deslocar sempre mais adiante, indefinidamente, o horizonte da sua saciedade, por meio da promoção cada vez mais intensa da indistinção entre desejo e necessidade, assim como entre consumo e uso, sendo potencialmente devastador. Se o *animal laborans*, como animal condicionado que pode ampliar o espectro das necessidades que lhe imprimiu a natureza, maximiza suas necessidades mediante a identificação da máxima felicidade com a máxima saciedade, ele pode tragar não só a natureza como mundo ambiente, mas também o mundo compreendido como artifício humano compartilhado e o mundo comum constituído na comunidade política.

Assim, "a natureza do homem está descoberta no *animal laborans*; esse é o fim do humanismo. Ele atingiu sua meta".[77] Animal transfigurado como o cão de Pavlov – não se trata de um retorno à natureza ou de animalização, portanto –,[78] o *animal laborans* é o análogo da abelha com o abdômen seccionado, para quem a saciedade é a meta cristalizadora de todo seu comportamento, sem ser ao mesmo tempo um limite.

---

77 H. Arendt, *Denktagebuch* – 1950 -1973, p. 558 [XXI, 84, jan. 1956].
78 Para a conclusão divergente de Agamben sobre esse tema conferir Daniel A. Nascimento, Animalização, despolitização e biopolítica sob a influência dos argumentos de Giorgio Agamben, p. 24 e segs.

5

"A POLÍTICA OCIDENTAL É COORIGINARIAMENTE BIOPOLÍTICA?" – UM PERCURSO COM AGAMBEN

> O homem, durante milênios, permaneceu o que era para Aristóteles: um animal vivo e, além disso, capaz de existência política; o homem moderno é um animal em cuja política está em questão sua vida de ser vivo.[1]
>
> *Michel Foucault*

No prefácio de sua obra *Homo sacer I: o poder soberano e a vida nua*, Giorgio Agamben evoca a companhia de dois vigorosos intérpretes dos tempos modernos: Michel Foucault e Hannah Arendt. Em Foucault ele julga encontrar a clara definição de uma biopolítica que inclui a vida biológica nos mecanismos e cálculos do poder estatal; em Arendt, na descrição fornecida por ela em *A condição humana* da vitória do tipo ou mentalidade que nomeia *animal laborans*, ele pôde identificar a associação entre primado da vida natural e decadência do espaço público na era moderna. Ainda em Arendt, ele encontra a inédita posição dos campos de concentração como instituição central da dominação totalitária. Não obstante, julga não encontrar em ambos

---

1   Michel Foucault, *A vontade de saber*, p. 134.

pensadores os elementos suficientes para caracterizar o paradigma biopolítico moderno, o campo de concentração como espaço próprio da exceção, no qual o limiar em que se tocam norma e exceção se espraia e os torna indistintos. Se Arendt considerara, pioneiramente, o campo como a instituição central da dominação totalitária, um laboratório no qual se experimentou e se configurou o modelo totalitário de sujeição e de réplica integral à pluralidade e à liberdade humanas, ela acabou por deixar de estabelecer um vínculo entre seu exame do declínio do âmbito público em *A condição humana* e suas "penetrantes análises" da dominação totalitária, nas quais, de resto, estaria ausente, segundo Agamben, "toda e qualquer perspectiva biopolítica".[2] Se Foucault fora extraordinariamente preciso ao assinalar que na modernidade, chamada por ele de "modernidade biológica", "a espécie e o indivíduo como simples corpo vivente tornam-se a aposta que está em jogo nas suas estratégias políticas",[3] com o cômputo da mera condição de vivente nos cálculos e expedientes configuradores da forma de vida ordenada politicamente, ele não teria atentado para o fato de que o mais decisivo na modernidade não tanto é o ingresso da *zoé* na pólis, para Agamben tão antiga quanto a política ocidental, mas a diluição da fronteira entre exceção e regra e a consequente indistinção entre espaço da vida nua e espaço político, e entre *zoé* e *bíos*. Curiosamente, prossegue Agamben, Foucault jamais deslocara "sua investigação para as áreas por excelência da biopolítica moderna: o campo de

---

2   Giorgio Agamben, *Homo sacer I* – o poder soberano e a vida nua, p. 12.
3   *Ibidem*, p. 11.

concentração e a estrutura dos grandes estados totalitários do Novecentos".[4]

Quando Agamben publicou *Homo sacer I – o poder soberano e a vida nua*, ainda não havia ainda sido editado o curso de 1976 intitulado, na edição brasileira, *Em defesa da sociedade*. Se não fosse esse o caso – e admitindo essa como uma razão possível – seria incompreensível que Agamben desconsiderasse a última aula do curso, de 17 de março de 1976, na qual Foucault, em uma das poucas ocasiões na qual se detém no exame de um evento histórico seu contemporâneo, analisa minuciosamente o papel do racismo na justificação do direito de *fazer morrer* reclamado pelos regimes totalitários, ao lado da prerrogativa de *fazer viver*. Agamben pôde recorrer, entretanto, ao primeiro volume da *História da sexualidade*, de Foucault, intitulado *A vontade de saber*. No quinto capítulo desse livro, o autor, interessado em compreender a importância do sexo como alvo do influxo de uma tecnologia política da vida, se detém sobre o que denomina uma *biopolítica da população*, caracterizada por uma série de intervenções e controles regulatórios da população, ladeado por uma *antomopolítica do corpo humano*, voltada para "seu adestramento, a ampliação de suas aptidões, a extorsão de suas forças, o crescimento paralelo de sua utilidade e de sua docilidade, sua integração a sistemas de controle eficazes e econômicos".[5]

Não é o caso aqui de examinar muito detidamente o que está em questão nessa análise, mas julgo que importa fornecer

---

4   *Ibidem*, p. 12.
5   Michel Foucault, *História da sexualidade 1 – A vontade de saber*, p. 131.

algumas indicações, preliminarmente e a título de sugestões e hipóteses de trabalho, dos problemas envolvidos na apropriação agambeniana de Foucault. Cabe notar, inicialmente, que na primeira aula do curso *O poder psiquiátrico* Foucault indica haver uma inversão e uma ruptura com a lógica da soberania quando a dominação política, no advento da biopolítica, reclama para si o direito de *fazer viver e de deixar morrer*, em contraposição ao direito clássico de *fazer morrer e deixar viver*. Em *A vontade de saber*, entretanto, Foucault fala de uma transformação interna na lógica da soberania, que se tornará biopolítica e culminará, por meio do recurso ao racismo, no direito de *fazer viver* e *fazer morrer*, cuja ancoragem legitimadora repousa na majoração da vida da espécie. Menciono esse movimento bastante conhecido da obra de Foucault para enfatizar o seguinte: para o autor, a vida, que é o alvo da sujeição biopolítica, não coincide com a dimensão estritamente biológica do mero estar vivo, mas é entendida, em suas próprias palavras, "como *as necessidades fundamentais, a essência concreta do homem, a realização de suas virtualidades, a plenitude do possível*";[6] ademais, cabe indicar que, para Foucault, a constituição de uma *biopolítica* traduz o momento em que "*pela primeira vez na história, sem dúvida, o biológico se reflete no político (...) [e recai]* no campo de controle do saber e de intervenção do poder".[7] Voltarei brevemente a essas questões adiante, na última seção deste capítulo, mas já os menciono porque julgo que a retenção desses elementos é decisiva para identificar o re-

---

6   *Ibidem*, p. 136. Grifo meu.
7   *Ibidem*, p. 134. Grifo meu.

CAPÍTULO 5 | "A POLÍTICA OCIDENTAL É COORIGINARIAMENTE BIOPOLÍTICA?" **111**

curso de Agamben a Foucault antes como uma apropriação extrapoladora que como uma mera interpretação.[8]

Em um escrito de 1993, preparatório ao volume I de *Homo sacer*, intitulado "Forma de vida" e incluído na coletânea *Meios sem fim: notas sobre a política*, Agamben insiste na centralidade da distinção, indicada por Hannah Arendt em *A condição humana*, entre as palavras gregas para vida: *bíos* e *zoé*. Como ele nota então, *zoé* "exprimia o simples fato de viver comum a todos os viventes" e *bíos* "a forma de vida ou a maneira de viver própria a um indivíduo ou a um grupo". Esta distinção desapareceu gradualmente nas línguas modernas, tendo sido os termos fundidos em um só, que passou "a designar em sua nudez o pressuposto comum que é sempre possível de isolar em alguma das inumeráveis formas de vida".[9] Ao empregar, já no título do ensaio, o termo *forma de vida*, Agamben intenta antes, ressoando a definição de Foucault que mencionei anteriormente, designar "uma vida que jamais pode ser separada de sua forma, uma vida em que jamais é possível isolar uma coisa como uma vida nua".[10] Uma forma de vida, prossegue, define uma vida na qual seus processos, atos e modos jamais são sim-

---

8 Para Agamben, "entre as duas fórmulas, insinua-se uma terceira, que define o caráter mais específico da biopolítica do século XX: já não *fazer morrer*, nem *fazer viver*, mas *fazer sobreviver*. Nem a vida nem a morte, mas a produção de uma sobrevivência modulável e virtualmente infinita constitui a tarefa decisiva do biopoder no nosso tempo (...). A ambição suprema do biopoder consiste em produzir em um corpo humano a separação absoluta entre o ser vivo e o ser que fala, entre a *zoé* e o *bíos*, o não homem e o homem: a sobrevivência". *O que resta de Auschwitz*, p. 155 e 156.

9 Giorgio Agamben, *Moyens sans fins:* notes sur la politique, p. 13.

10 *Ibidem*, p. 13 e 14.

plesmente fatos, mas "sempre e antes de tudo *possibilidades de vida, sempre e antes de tudo potências*".[11]

O poder político que conhecemos, ao contrário, "se funda sempre em última instância sobre a separação de uma esfera da vida nua com relação ao contexto das formas de vida".[12] A origem mais remota de tal poder se encontraria no primeiro ingresso do conceito de vida no direito por meio do direito romano, que assegurava o direito de vida e de morte do pai sobre os filhos (*vitae necisque potesta*), examinado mais detidamente por Agamben na segunda parte de *Homo sacer I*.

Na modernidade, a ancoragem da soberania na tarefa de proteção de uma vida definida fundamentalmente no estado de natureza como estando exposta à morte, remove o poder político do influxo da vontade política e o inscreve no domínio de uma vida nua cuja salvaguarda é possível somente mediante a submissão ao direito soberano de vida e de morte. O que se dá, então, na interpretação de Agamben, é a constituição da vida nua, a vida despida de todo atributo e de toda caracterização, como o fundamento oculto da soberania, ao se tornar paradoxalmente a forma de vida na medida em que isolada no direito. Em vista disso, diz ele, "a tese de Foucault segundo a qual o que está em jogo atualmente é a vida e de que a política tornou-se então biopolítica é, nesse sentido, substancialmente exata".[13]

---

11 *Ibidem*, p. 14.
12 *Ibidem*, p. 15.
13 *Ibidem*, p. 17.

CAPÍTULO 5 | "A POLÍTICA OCIDENTAL É COORIGINARIAMENTE BIOPOLÍTICA?" **113**

Dois anos depois, na introdução ao *Homo sacer I*, Agamben retoma a distinção entre *zoé* e *bíos*, praticamente nos mesmos termos, e acrescenta que "a simples vida natural é, porém, excluída, no mundo clássico, da *polis* propriamente dita e resta firmemente confinada, como vida reprodutiva, ao âmbito do *oikos*".[14] A despeito de afirmar ainda que "uma *zoé politiké* dos cidadãos de Atenas não teria feito sentido",[15] Agamben retoma a indicação aristotélica de que a *polis* nasce em vista do viver (*zên*), mas existe essencialmente em vista do viver bem (*eu zên*) (*Política*, 1252b30)[16] para afirmar que essa fórmula singular pode ser lida

> como uma exclusão inclusiva (uma *exceptio*) da *zoé* na *polis*, quase como se a política fosse o lugar em que o viver deve se transformar em viver bem, e aquilo que deve ser politizado fosse desde sempre a vida nua. A vida nua tem, na política ocidental, este singular privilégio de ser aquilo sobre cuja exclusão se funda a cidade dos homens.[17]

Para Agamben, a oposição aristotélica entre viver (*zên*) e viver bem (*eu zên*) pode significar, ademais de uma oposição, "uma implicação do primeiro no segundo, da vida nua na vida politicamente qualificada".[18] Essa extrapolação das pretensões aristotélicas talvez não deva remanescer sem exame.

---

14 Giorgio Agamben, *Homo sacer I – o poder soberano e a vida nua*, p. 10.
15 *Ibidem*, p. 9.
16 Citarei a obra aristotélica sempre a partir de *The complete works of Aristotle*, referenciada na bibliografia.
17 Giorgio Agamben, *Homo sacer I – o poder soberano e a vida nua*, p. 15.
18 *Ibidem*.

*****

Os gregos realmente possuíam duas palavras etimologicamente distintas para significar vida, pois distinguiam entre a vida biológica ou a vida de todo vivente, chamada *zoé*, da vida da qual se pode contar uma história e identificar uma singularidade, a *bíos* ou o modo de vida que se pode escolher livremente, independentemente das necessidades impostas pela condição de vivente. Nas palavras de Werner Jaeger, *bíos* designa a existência humana, "não como um simples processo temporal, mas como uma unidade plástica cheia de sentido, como uma forma consciente de vida".[19] *Zoé* traduz na vida de cada indivíduo o imperativo da necessidade e os círculos praticamente inflexíveis com que preside a existência de todo vivente. O que define *bíos*, um modo de vida, é antes de tudo a liberdade, como salientava Aristóteles na *Ética Eudêmia* (1215a35ss.), o fato de que resultava de uma escolha deliberada e não de alguma compulsão desencadeada pela necessidade.

Se tivermos em conta a insistência de Aristóteles em separar *bíos* de *zoé*, na *Ética Eudêmia* e *na Ética Nicomaqueia*, a definição do homem como animal político (*zoon politikon*), em *A política*, não deixará de nos conduzir a em-

---

19 Werner Jaeger, *Paideia* – a formação do homem grego, p. 537. Ou, alegoricamente, como diz Arendt ao comentar a obra de Isak Dinesen: "Concordar tanto com o destino pessoal de alguém, a ponto de não se poder distinguir entre a dança e o dançarino, a ponto de a resposta à pergunta 'Quem é você?' ser a resposta do Cardeal – 'Permita-me... responder-lhe à maneira clássica, e contar-lhe uma história' – é a única aspiração digna do fato de termos recebido a vida. Isso também se chama orgulho...". "Isak Dinesen: 1885-1963", p. 95.

CAPÍTULO 5 | "A POLÍTICA OCIDENTAL É COORIGINARIAMENTE BIOPOLÍTICA?" **115**

baraços, notadamente se dermos razão a Hannah Arendt, mas não apenas a ela, e reconhecermos que a tradição do nosso pensamento político se assentou desde o início em uma distinção pretensamente rigorosa e segura entre natureza e política, entre a ordem da *physis* e a ordem do *nomos*, assim como entre *zoé* e *bíos*, a vida natural e o modo de vida – entre, enfim, "as atividades relativas a um mundo comum e aquelas relativas à manutenção da vida, divisão essa na qual se baseava todo o antigo pensamento político, que a via como axiomática e evidente por si mesma".[20] Ainda que o homem não deixasse de ser um membro da espécie quando se convertia em cidadão, compreendia-se que o princípio a orientar sua conduta como cidadão respondia às demandas da polis, radical e evidentemente distintas daquelas do lar (*oikos*), onde eram atendidas as necessidades do homem como um vivente. É a essa distinção tão rigorosa que Agamben aduz quando pensa em uma mútua implicação entre ambas.

Considerando o que indiquei brevemente antes acerca da relação entre *physis* e *nomos*, necessidade e liberdade, *bíos* e *zoé*, essa dedução biológica[21] do caráter natural da *polis* e da natureza política do homem não deixa de soar problemática – não menos que, em outra medida, a indicação, no início da *Metafísica*, de que "todos os homens desejam, por natureza, conhecer" (A, I, 980a21), ou, na *Poética*, de que "o imitar é inato ao homem" (1448b24ss.).

---

20 H. Arendt, *A condição humana*, p. 34.

21 Cf. Wolfgang Kullmann, L'image de l'homme dans la pensée politique d'Aristote, p. 165 e segs.

O desconforto prossegue quando Aristóteles afirma ser evidente "que o homem é um ser político mais que a abelha ou qualquer outro animal gregário" (1253a7-9) – em suma, que o homem não é o único ser político, o único animal gregário que partilha alguma atividade comum, embora seja o "mais político". A qualidade política do homem é especificada pelo *logos* que, mais que a voz dos animais (e mesmo dos bárbaros), limitada à expressão do prazer e da dor, pode apreender e manifestar o útil e o inútil, assim como o justo e o injusto, o bem e o mal. Em todo caso, também o *logos*, como diferença específica, pode ser compreendido como "uma particularidade biológica do homem",[22] mais que uma propriedade do comportamento social.

A compreensão aristotélica do político por referência à natureza e o estatuto da relação *physis* e *nomos* no domínio prático deve ser examinada mais detidamente do que posso fazer aqui. Cabe notar, em todo caso, que em Aristóteles o natural não coincide com o biológico, embora o inclua; de outra parte, que há formas de associação humanas que respondem à condição natural gregária do homem, mas, como no caso das constituições degeneradas, não são naturais, pois não correspondem a formas naturais, normativamente desejáveis, de governar e ser governado. Entretanto, Aristóteles seguramente não desconsiderou a distinção e mesmo oposição entre *physis* e *nomos*. Ocorre que "o domínio que Aristóteles julga dever ser circunscrito pela *physis* inclui certos *itens* que são *igualmente*, de seu *próprio* ponto de vista,

---

22 *Ibidem*, p. 167.

nómoi",[23] e isso permite indicar que certos costumes e convenções humanas estão de acordo com a natureza.

Em suma, para que nossa mera condição gregária natural resulte em uma comunidade política, não basta a mera natureza, mas são necessários ainda *ethos* e *logos*, que constituem, junto à *physis*, as três condições indispensáveis para a excelência ou virtude. Seja no conceito de *zoon politikon*, seja no de *bíos politikos*, Aristóteles jamais concebeu a possibilidade de nos convertermos em meros animais vivos, incapazes de uma existência política que seja mais que a gestão do contentamento animal. Para Hannah Arendt, Aristóteles

> julgava ser uma característica apenas do homem o fato de poder viver em uma *polis* e que essa organização da *polis* representava a forma mais elevada do convívio humano; por conseguinte, é humana num sentido específico, tão distante do divino que pode existir apenas para si em plena liberdade e independência, e do animal cujo estar junto, onde existe, é uma forma da vida em sua necessidade. Portanto, a política na acepção de Aristóteles (…) não é, de maneira nenhuma, algo natural e não se encontra, de modo algum, em toda parte onde os homens convivem.[24]

A célebre definição dupla do homem como *zoon logon ekhon* (um animal capaz de fala) e *zoon politikon* (um animal naturalmente condicionado à vida gregária), que está na

---

23 Geoffrey E. R. Lloyd, L'idée de nature dans la *Politique* d'Aristote, p. 136. Grifos no original.
24 H. Arendt, *O que é política?*, p. 47.

origem do pensamento político ocidental, acabou por elidir a distinção, também fundamental em Aristóteles, entre *zoon politikon*, como aparece em *A política*, e *bíos politikos*, como encontramos na *Ética Nicomaqueia* e na *Ética Eudêmia* – entre o instinto para a vida social e o livre engajamento em um modo de vida que aspira a plenitude.

Salta à vista não apenas a substituição de *zoé* por *bíos*, mas um uso de *politikos* que enfatiza, nas *Éticas*, não o instinto gregário, mas o engajamento em um modo de vida ativo e deliberadamente concebido (*nomos*) a afirmar a liberdade. Arendt sustenta que nas célebres definições do homem como um animal político e como um animal capaz de fala,

> Aristóteles apenas formulou a opinião corrente da *polis* acerca do homem e do modo de vida político; e, segundo essa opinião, todos os que viviam fora da *polis* – escravos e bárbaros – eram *aneu logou*, destituídos, naturalmente, não da faculdade do discurso, mas de um modo de vida no qual o discurso e somente o discurso tinha sentido e no qual a preocupação central de todos os cidadãos era falar uns com os outros.[25]

O estar junto a outros traduz a condição humana da pluralidade, sem a qual não poderíamos conceber a vida política. Hannah Arendt sustenta que o nosso estar junto, em todo caso, difere da mera condição gregária animal, na medida em que traduz a comunidade de seres únicos, que se reconhecem e se afirmam como singulares, a despeito de pertencerem à mesma espécie.

---

25 *Idem, A condição humana*, p. 33.

CAPÍTULO 5 | "A POLÍTICA OCIDENTAL É COORIGINARIAMENTE BIOPOLÍTICA?" **119**

Nesse sentido, podemos afirmar que em Aristóteles é em virtude da natural condição de vivente, ou simplesmente para viver, que os homens formam comunidades. Entretanto, se é o instinto que preside o viver em comum, ele apresenta-se como condição para o estabelecimento de uma comunidade política que, não obstante, não se dá sem a decisão consciente de aspirar a uma vida qualificada, em *eudaimonia*, orientada pelo *logos* que discerne a justiça. Não é outra a razão de ele afirmar que "a *polis* nasce para o viver, mas existe para o viver bem" (*Política*, I, 2, 1252b29-30). Para Giorgio Agamben, a oposição entre o simples fato de viver e a vida politicamente qualificada não pode elidir a implicação da vida biológica na política, já em Aristóteles, como assinalamos. Assim, é como se a vida biológica fosse de fato o campo de atuação da vida política, em uma deliberada exclusão, mas em uma evidente implicação, como se a política em grande medida consistisse sempre em uma ordenação da vida biológica.

Hannah Arendt segue caminho diverso. Seguramente, como indiquei, também para ela os antigos tinham por fundamental à política uma clara demarcação entre as demandas naturais da sobrevivência e as demandas políticas da liberdade, que falavam ambas no cidadão. Não obstante, sustenta que desde os gregos o domínio político se revela como o espaço onde desenvolvemos uma espécie de segunda natureza – não uma *zoé* transfigurada, mas uma segunda natureza, em acréscimo à vida privada e natural que jamais suprimimos. Seguramente a capacidade humana para a política não se deixa subsumir sob a expressão *zoon politikon*:

o "homem é a-político. A política surge no *entre-os*-homens; portanto, totalmente *fora dos* homens. Por conseguinte, não existe nenhuma substância política original. A política surge no intraespaço e se estabelece como relação".[26]

A despeito de seu diagnóstico da irremediável ruptura do fio da tradição, em nossos tempos, Hannah Arendt se liga à tradição do nosso pensamento político quando concebe como desejável a conservação da "consagrada linha divisória e protetora entre a natureza e o mundo humano".[27] Tal vínculo com a tradição indica o quanto ela tinha noção das implicações da dissolução desta linha protetora, com a consequente canalização da vida biológica e de suas demandas para o âmbito da política, funcionalizada doravante pela vida, mas também com a inserção da ação e de suas infortunas, a irreversibilidade e a imprevisibilidade, no ambiente natural. O que marca a consolidação do mundo moderno, na avaliação de Arendt, por outro lado, é uma progressiva dissolução das esferas privada e pública no âmbito do social, com a consequente ascensão "do 'lar' (*oikia*) ou das atividades econômicas ao domínio público"[28] e, também, com a progressiva gestão da vida, em suas demandas e potências, por meios institucionalizados politicamente.

Como Foucault, Arendt julga que a modernidade pode ser compreendida politicamente como o primeiro período na história em que o mero estar vivo assume relevância política e é alvo da gestão estatal. Para ambos, o evento decisivo

---

26 *Idem, O que é política?*, p. 23.
27 *Idem, A condição humana*, p. 402.
28 *Ibidem*, p. 40.

CAPÍTULO 5 | "A POLÍTICA OCIDENTAL É COORIGINARIAMENTE BIOPOLÍTICA?"

da modernidade política, e que traduz a sua ruptura com a compreensão clássica da política, é o ingresso da *zoé* na *polis*, a politização da vida biológica ou a instrumentalização da política pela vida, compreendida como bem supremo.[29] Ou, para dizer como Agamben – aqui afinado com Arendt –, mais que o ingresso da *zoé* na *polis*, a indistinção entre *zoé* e *bíos*, ou entre o espaço da vida biológica e o espaço político, ou a conversão paradoxal do mero estar vivo em uma forma de vida. Para Arendt,

> trata-se de uma grande diferença se a liberdade ou a vida é cotada como o bem com valor mais alto – como parâmetro pelo qual se orienta todo o agir político. Se entendermos por política algo que, não importa em qual escala, surgiu em sua essência a partir da *polis* e continua ligado a ela, então forma-se, no acoplamento entre política e vida, uma contradição interna que revoga e arruína justamente a coisa política específica.[30]

Hannah Arendt estava convencida de que a demarcação da distinção entre liberdade e vida biológica está na base de tudo o que podemos compreender como política, assim como das virtudes especificamente políticas. Para ela, poderíamos inclusive dizer que é o próprio fato "de que hoje o que está em jogo na política é a existência nua e crua de todos o sinal mais evidente da calamidade em que nosso mundo caiu".[31] Giorgio Agamben chega a notar, em sentido análogo, que a centralidade da vida como horizonte último

---

29 Cf. André Duarte, *Vidas em risco*, p. 333.
30 H. Arendt, *O que é política?*, p. 76.
31 *Ibidem*, p. 77.

de valor contemporaneamente nos mantém desconfortavelmente contemporâneos do nazismo e do fascismo, nos quais a decisão sobre a vida nua converteu-se em critério político supremo.[32] Mais do que isso,

> enganamo-nos completamente sobre a natureza das grandes experiências totalitárias do século XX se nelas vemos apenas uma prossecução das últimas grandes tarefas dos Estados-nação do século XIX: o nacionalismo e o imperialismo. O que está em causa é agora bem diferente e mais extremo, dado que se trata de assumir como tarefa a própria existência fática dos povos, ou seja, em última análise, a sua vida nua.[33]

Para Arendt, tais desdobramentos decorreriam da moderna desconsideração da necessária distinção entre vida biológica e política, assim como entre a felicidade que se experimenta na satisfação das necessidades vitais e a que se experimenta na fruição da liberdade política. Com efeito, diz ela, "o que os tempos modernos esperavam de seu Estado, e o que esse Estado fez, de fato, em grande escala foi uma libertação dos homens para o desenvolvimento das forças sociais produtivas, para a produção comum de mercadorias necessárias para uma vida 'feliz'".[34] O paradoxo, ou mesmo a aporia, da conversão da mera vida em um modo de vida

---

32 G. Agamben, *Homo sacer I – o poder soberano e a vida nua*, p. 18. "Talvez também os campos de concentração e de extermínio sejam (...) uma tentativa extrema e monstruosa de decidir entre o humano e o inumano, que acabou por envolver em sua ruína a própria possibilidade da distinção." *Idem, O aberto*, p. 37.
33 G. Agamben, *O aberto*, p. 106.
34 H. Arendt, *O que é política?*, p. 74.

CAPÍTULO 5 | "A POLÍTICA OCIDENTAL É COORIGINARIAMENTE BIOPOLÍTICA?" **123**

consiste justamente em apostar a liberdade e a felicidade no índice mais agudo do aprisionamento à necessidade.[35] Na era moderna, uma das manifestações da ameaça de diluição da fronteira entre natureza e mundo é o persistente tratamento de "todos os objetos de uso como se fossem bens de consumo",[36] conforme examinei em capítulos anteriores.

Giorgio Agamben nota com precisão que "era justamente a esse primado da vida natural sobre a ação política que Arendt fazia, aliás, remontar a transformação e a decadência do espaço público na sociedade moderna".[37] Antes de tudo, Hannah Arendt se recusa a conceber que a liberdade, como razão de ser da política, possa encontrar um substituto adequado no alívio proporcionado pela segurança contra a violência ou na felicidade compreendida como saciedade. Um dos pontos a articular *A condição humana* ao diagnóstico e às preocupações centrais de *As origens do totalitarismo* é justamente a constatação de que, contemporaneamente, não necessitamos dos campos de concentração para testemunhar o ocaso do domínio político.

Agamben notou recentemente, ressoando mais uma vez Arendt, que "nada resta, a uma humanidade de novo tornada animal, que a despolitização das sociedades humanas por meio do alastramento incondicionado da *oikonomía*, ou a assunção da própria vida biológica como tarefa política (ou melhor, impolítica) suprema".[38] Assim,

---

35 G. Agamben, *Homo sacer I – o poder soberano e a vida nua*, p. 17.
36 H. Arendt, *A condição humana*, p. 153.
37 G. Agamben, *Homo sacer I – o poder soberano e a vida nua*, p. 11.
38 *Idem*, *O aberto*, p. 106 e 107.

mesmo a pura e simples deposição de todas as tarefas históricas (reduzidas a simples funções de política interna e internacional), em nome do triunfo da economia, assume hoje frequentemente uma ênfase na qual a própria vida natural e seu bem-estar parecem apresentar-se como a última tarefa histórica da humanidade – admitindo que faça sentido falar aqui de uma "tarefa".[39]

Após esse percurso com Arendt, e em alguma medida seguindo as indicações do próprio Agamben, temos condições de julgar replicada sua objeção a Arendt, ao menos a que consistia em indicar a descontinuidade entre *Origens do totalitarismo* e *A condição humana*, entre os campos de concentração e a conversão do mero estar vivo em modo de vida com a vitória do trabalhador-consumidor, do *animal laborans* que Agamben nomeia inadvertidamente *homo laborans*.

Cabe, nesse ponto, retomar as hipóteses aventadas no início deste capítulo sob uma nova luz. Sete anos após a publicação de *Homo sacer I: o poder soberano e a vida nua*, Giorgio Agamben publicou a obra *O aberto*, cujo sugestivo subtítulo é: *o homem e o animal*. Em um trecho dessa obra aparece a afirmação que aparece no título do presente texto sob a forma de uma pergunta: "o conflito político decisivo que, na nossa cultura, governa qualquer outro conflito é o que existe entre a animalidade e a humanidade do homem. *A política ocidental é, portanto, cooriginariamente biopolítica*".[40] A implicação fundamental dessa afirmação, em Agamben,

---

39 *Ibidem* p. 107.
40 *Ibidem*, p. 110. Grifo meu.

CAPÍTULO 5 | "A POLÍTICA OCIDENTAL É COORIGINARIAMENTE BIOPOLÍTICA?" 125

é a suposição de que desde a *polis* há uma imbricação entre vida biológica e política e, em vista disso, não podemos conceber uma réplica política à modernidade biopolítica na história política ocidental. Seguramente, Arendt e Foucault, a despeito das inúmeras diferenças entre as obras de ambos, silenciadas aqui, jamais identificariam na política ocidental, desde seus primórdios, a lógica da soberania, nem remeteriam a gênese da soberania para aquém da modernidade ou da baixa Idade Média: a soberania, nesse sentido, pode ser dita gêmea da modernidade, ainda que possa ter suas raízes sondadas já na monarquia feudal.[41]

Em *A vontade de saber*, Michel Foucault afirma o seguinte: "o homem, durante milênios, permaneceu o que era para Aristóteles: um animal vivo e, além disso, capaz de existência política; *o homem moderno é um animal em cuja política está em questão sua vida de ser vivo*".[42] Esse diagnóstico, retomado e contestado por Agamben no *Homo sacer I*, define os marcos da reflexão sobre o surgimento, na modernidade, de um biopoder e uma correspondente biopolítica em que a regulação mesma do processo vital converte-se na suprema tarefa política e resulta em uma espécie de "estatização do biológico".[43] Pretendi assinalar preliminarmente

---

41 Cf., por exemplo: H. Arendt, Reflexões sobre política e revolução, p. 198, e M. Foucault, *Em defesa da sociedade* – curso no Collège de France (1975--1976), p. 41 e segs.

42 Michel Foucault, *A vontade de saber*, p. 134. Grifo meu.

43 *Idem, Em defesa da sociedade* – curso no Collège de France (1975-1976), p. 286. Cf. p. 288. Giorgio Agamben assevera que "quando, como nos mostrou Foucault, o Estado moderno, a partir do século XVII, começa a incluir entre suas tarefas essenciais o cuidado da vida da população – e transforma assim sua política em biopoder – é sobretudo mediante uma progressiva generali-

até aqui, em linhas gerais, que essas indicações iluminam a definição dos marcos da interpretação da modernidade em Hannah Arendt como a época da vitória do *animal laborans* e do princípio de felicidade, da conversão da vida em bem supremo e do ocaso da política – embora não apenas disso, notadamente se considerarmos, como o farei adiante, as modernas revoluções e a potencial sobrevivência do espírito revolucionário em uma nova forma de governo.

Seguramente Arendt e Foucault, que não conheciam as obras um do outro, tinham juízos distintos sobre o significado da política e do poder, para mencionar o mais flagrante. Todavia, ambos julgavam que não podemos apreender os fundamentos da modernidade política sem percorrer a trilha privilegiada que traz à vista a progressiva implicação da vida biológica no poder político. Ademais, nem Arendt nem Foucault pareciam sustentar que o fundamento da modernidade política se esgotaria na vida nua, na vida matável isolada de quaisquer outras qualificações, embora reconhecessem nela o fosco limiar entre natureza e política. Para ambos, e isso apenas avento, se não compreendermos a dominação política moderna, para além da dominação pela sujeição violenta e inibidora da ação, também como uma dominação pelo fomento, pelo estímulo a formas de vida e comportamentos social e economicamente desejados, não seremos capazes de assimilar o que vem a ser a modernidade política.

---

zação e redefinição do conceito de vida vegetativa (que coincide agora com o patrimônio biológico da nação) que ele realiza sua nova vocação". Giorgio Agamben, *O aberto*, p. 28.

CAPÍTULO 5 | "A POLÍTICA OCIDENTAL É COORIGINARIAMENTE BIOPOLÍTICA?" **127**

Suspeito, para concluir, que para compreendermos por que Arendt e Foucault não parecem estar sempre confortáveis na companhia de Agamben, mesmo que ele os reclame, precisaríamos lembrar que Agamben caminha também em outras companhias notáveis, sobre as quais caberá se deter para compreender sua insistência no apagamento de muitas distinções relevantes à compreensão do que é o propriamente moderno. Em todo caso, a compreensão da relação homem/animal, espelhada na relação *pólis/oikos*, como questão política fundamental na história do Ocidente, pode muito bem ser tributada ao propósito metodológico agambeniano de converter dicotomias em bipolaridades: "trata-se, diante das dicotomias que estruturam nossa cultura, de ir além das exceções que as têm produzido, porém, não para encontrar um estado cronologicamente originário, mas, ao contrário, para poder compreender a situação na qual nos encontramos".[44] Para além da confrontação da apropriação com a exegese, restam ainda inexploradas as implicações hermenêuticas, seguramente profícuas, de tal transfiguração.

---

44 Giorgio Agamben, Entrevista a Flávia Costa, p. 132.

6

A ESFERA SOCIAL: POLÍTICA, ECONOMIA E JUSTIÇA

> Não era mais possível desviar os olhos da miséria e da infelicidade da massa da humanidade no século XVIII em Paris ou no século XIX em Londres, onde Marx e Engels ponderaram as lições da Revolução Francesa, assim como não o é hoje em alguns países europeus, a maior parte dos da América Latina, e em quase todos os da Ásia e da África.[1]
>
> *Hannah Arendt*

Hannah Arendt tornou-se amplamente conhecida na cena acadêmica americana, europeia e depois mundial a partir da publicação do seu livro *As origens do totalitarismo*, em 1951, mas foi com *A condição humana*, publicada em 1958, que ela passou a ser reconhecida mais tarde como uma das mais vigorosas pensadoras políticas de nosso tempo. O que vincula suas duas principais obras, dentre outros aspectos significativos, é a constatação de que o enfraquecimento, o desaparecimento ou a perda de especificidade do espaço público redunda em uma debilitação do âmbito político ante os constantes ataques que lhe são desferidos, movidos pelo interesse por usurpá-lo ou por provocar o seu esfacelamento. O conceito de espaço público é fundamental à compre-

---

1 *Idem, Sobre a revolução*, p. 109.

ensão do pensamento de Hannah Arendt e do significado de sua obra para o pensamento político contemporâneo.

Em *A condição humana*, Hannah Arendt estabelece uma rígida distinção entre as esferas pública e privada, inspirada principalmente por sua interpretação do significado da pólis e do pensamento político aristotélico. Com efeito, fazendo ressoar Benjamin Constant e Fustel de Coulanges, ela indica ser "muito provável que o surgimento da cidade-Estado e do domínio público tenha ocorrido à custa do domínio privado da família e do lar";[2] assinala ainda que se a *polis* não violou as vidas privadas de seus cidadãos, foi não por respeito à propriedade privada, como agora a concebemos, mas pela compreensão de que ter um lugar no mundo ao qual representar e do qual retirar o necessário à libertação das necessidades, era indispensável à participação do cidadão nos assuntos públicos.

"O traço distintivo da esfera do lar, diz Arendt, foi que nela os homens viviam juntos porque eram compelidos por suas carências e necessidades", constrangidos pela tarefa de conservar a própria vida. "A comunidade natural no lar nascia, portanto, da necessidade, e a necessidade governava todas as atividades realizadas nela. O domínio da *polis* era a esfera da liberdade, e se havia uma relação entre essas duas esferas, era que a vitória sobre as necessidades da vida no lar constituía a condição óbvia para a liberdade da *polis*".[3] Não havia vestígio da posterior compreensão de que a política seria um meio para proteger a sociedade, seja de

---

2   H. Arendt, *A condição humana*, p. 35 e 36.
3   *Ibidem*, p. 37.

CAPÍTULO 6 | A ESFERA SOCIAL: POLÍTICA, ECONOMIA E JUSTIÇA

fiéis, de proprietários acumuladores, de trabalhadores ou de empregados. Para Hannah Arendt, o que era marcante na distinção entre a *polis* e o lar era o fato de a *polis* "somente conhecer 'iguais', ao passo que o lar era o centro da mais severa desigualdade. Ser livre significava ao mesmo tempo não estar sujeito às necessidades da vida nem ao comando de outro *e* também não estar no comando. Significava nem governar nem ser governado".[4] Ainda que se possa estabelecer um vínculo entre vida privada e vida pública a partir da liberação das necessidades pressuposta para a conquista da liberdade na esfera pública, Hannah Arendt enfatiza a imprescindível distinção entre os princípios que ordenam a vida privada e a vida pública, a saber: entre a necessidade e a liberdade.

Aristóteles, logo no início de sua *Política*, ironiza os que julgam poder distinguir entre as características de um estadista ou de um rei daquelas de um pai de família ou um senhor de escravos pelo número dos que lhes estão sujeitos, e não qualitativamente. Mais adiante, no capítulo sétimo do primeiro livro, assinala que a diferença fundamental entre o governo despótico e o poder político se assenta antes de tudo na distinção entre servidão e liberdade. Interessa-me notar que Hannah Arendt tinha bastante claro que, de acordo com o pensamento grego,

> a capacidade humana de organização política não apenas é diferente dessa associação natural cujo centro é o lar (*oikia*) e a família, mas encontra-se em oposição direta a ela. O sur-

---

4 *Ibidem*, p. 39. Grifos no original.

gimento da cidade-Estado significou que o homem recebera, "além de sua vida privada, uma espécie de segunda vida, o seu *bíos politikos*. Agora cada cidadão pertence a duas ordens de existência; e há uma nítida diferença em sua vida entre aquilo que lhe é próprio (*idion*) e o que é comum (*koinon*)".[5]

A *polis*, com efeito, não equivalia à localização física da cidade-Estado, mas à organização das pessoas que resulta do agir e falar em conjunto; correspondia ainda ao espaço da aparência no qual os cidadãos aparecem uns aos outros, "onde os homens existem não meramente como as outras coisas vivas ou inanimadas, mas fazem explicitamente seu aparecimento".[6] Este espaço da aparência constitui-se na interação mediada pela ação e pelo discurso e antecede "toda e qualquer constituição formal do domínio público e as várias formas de governo, isto é, as várias formas possíveis de organização do domínio público".[7]

Um dos elementos mais significativos, e por vezes incômodos, para a compreensão de *A condição humana*, é a análise arendtiana da ascensão do social. Arendt sustenta que, a despeito da tradicional tradução latina da definição aristotélica do homem como *zoon politikon* por *animal socialis*, de Sêneca a Tomás de Aquino, é no uso moderno e na moderna concepção de sociedade que se estabelece uma aguda confusão entre a esfera da vida pública e a esfera privada, devido à ascensão do social. Com efeito, diz ela, "o

---

5   *Ibidem*, p. 29 (citando Jaeger, *Paideia* – a formação do homem grego, p. 144 da trad. bras.).

6   *Ibidem*, p. 246.

7   *Ibidem*, p. 247.

CAPÍTULO 6 | A ESFERA SOCIAL: POLÍTICA, ECONOMIA E JUSTIÇA

desaparecimento do abismo que os antigos tinham de transpor diariamente a fim de transcender o estreito domínio do lar e 'ascender' ao domínio da política é um fenômeno essencialmente moderno".[8]

A compreensão da modernidade foi uma das tarefas a que Hannah Arendt se propôs de modo privilegiado em toda a sua obra. Em um decisivo estudo sobre a obra arendtiana, *The reluctant modernism of Hannah Arendt*, Seyla Benhabib se detém sobre o que nomeia de "modernismo relutante" na obra da autora. A relutância de Arendt se traduziria principalmente na ênfase dada por ela às contradições modernas, notadamente no âmbito político, em obras como *As origens do totalitarismo*, *A condição humana*, *Sobre a revolução* e *Entre o passado e o futuro*. Seu entusiasmo com o fenômeno revolucionário, e o sistema de conselhos, em particular, frequentemente resulta obnubilado por suas análises profundas dos tempos sombrios cujo extremo é a dominação totalitária.

Neste capítulo, examinarei algumas das principais objeções à compreensão arendtiana do conceito de esfera social ou sociedade para a configuração da sua relação com a era moderna. A escolha desse tema pode redundar na acentuação de um traço antimoderno no pensamento político arendtiano, que poderia ser matizado, por exemplo, por um exame meticuloso do fenômeno revolucionário, que buscarei levar a cabo no último capítulo. No segundo capítulo de *A condição humana*, Hannah Arendt trata da distinção entre público e privado e reflete sobre os eventos que a

---

8   *Ibidem*, p. 41.

tornaram praticamente obsoleta. Esses eventos articulam-se em sua obra no movimento de ascensão da esfera social e do surgimento da sociedade de massas, que, embora distintos, fazem parte do mesmo processo de expansão (e simultânea diluição) da privatividade, de elevação da satisfação das necessidades vitais (a dependência mútua em prol da subsistência) a aspecto vinculante fundamental da vida coletiva, de promoção da uniformidade e da decorrente identificação entre ação e comportamento.

A esfera social é "o domínio curiosamente híbrido no qual os interesses privados adquirem significação pública".[9] O que caracteriza a modernidade política é a compreensão da política como uma função da sociedade, com a implicação fundamental de que as questões eminentemente privadas da sobrevivência e da aquisição transformaram-se em interesse "coletivo", ainda que nunca se pudesse conceber de fato tal interesse como sendo público. O advento de uma esfera híbrida como a social teria promovido uma indistinção entre os domínios público e privado e o deslocamento de princípios e propósitos de uma esfera a outra, constituindo-se como uma intersecção a minar as possibilidade de felicidade pública ou privada. Com efeito, diz Hannah Arendt, "a busca irresponsável por interesses privados na esfera público-política é tão prejudicial ao bem público quanto a arrogante tentativa dos governos de regular a vida privada de seus cidadãos é prejudicial para a felicidade privada".[10] Ela julga que o social, as questões privadas em sua dimensão

---

9 *Ibidem*, p. 43.
10 *Idem*, Public rights and private interests, p. 104.

CAPÍTULO 6 | A ESFERA SOCIAL: POLÍTICA, ECONOMIA E JUSTIÇA 135

coletiva (ainda que com implicações políticas), não constitui um espaço próprio, terceiro em relação ao público e o privado. O social seria como um câncer,[11] que expande seu espaço na medida em que se espraia sobre o privado e o público.

A expansão voraz da esfera social confinara finalmente a esfera privada à intimidade e restringira as possibilidades da ação na esfera pública em vista da estabilidade necessária à preservação da vida e dos processos de acumulação – "logo que ingressou no domínio público, a sociedade assumiu o disfarce de uma organização de proprietários [*property-owners*], que, ao invés de requererem o acesso ao domínio público em virtude de sua riqueza, exigiram dele proteção para o acúmulo de mais riqueza".[12] O surgimento do social teria feito com que o conformismo, como resultado do anseio por segurança, se tornasse uma ameaça permanente: "a sociedade é a forma na qual o fato da dependência mútua em prol da vida, e de nada mais, adquire importância pública, e na qual se permite que as atividades relacionadas com a mera sobrevivência apareçam em público".[13] Não obstante, a publicação do íntimo não o torna público, nem remedia a perda de grandeza, da possibilidade de desfrutar daquilo

---

11 Não sem ironia Hanna Pitkin nomeou "o ataque da bolha" (*The attack of the blob:* Hannah Arendt and the social question) seu livro clássico sobre a questão social na obra de Hannah Arendt. O título é uma referência a *The blob*, um filme *kitsch* de ficção científica da época em que Arendt escreveu *A condição humana* no qual pessoas comuns têm seu quotidiano aterrorizado pela invasão de monstros. A imagem da bolha parodia aí a caracterização arendtiana do social.

12 *Ibidem*, p. 83.

13 *Ibidem*, p. 57.

que ao menos desde o século XVIII os revolucionários chamavam de *felicidade pública*, a compensar largamente o incontornável sacrifício dos interesses individuais em vista do que é comum. Hannah Arendt fornece o seguinte exemplo:

> desde o declínio de seu outrora vasto e glorioso domínio público, os franceses tornaram-se mestres na arte de serem felizes entre "pequenas coisas", no espaço de suas quatro paredes, entre a cômoda e a cama, a mesa e a cadeira, entre o cachorro, o gato e o vaso de flores, estendendo a essas coisas um cuidado e uma ternura que, em um mundo onde a industrialização rápida extermina constantemente as coisas de ontem para produzir os objetos de hoje, podem até parecer o último recanto puramente humano do mundo. Esse alargamento do privado (o encantamento, por assim dizer, de todo um povo) não o torna público, não constitui um domínio público, mas, pelo contrário, significa apenas que o domínio público foi quase completamente minguado, de modo que, por toda parte, *a grandeza cedeu lugar ao encanto*; pois, embora o domínio público possa ser vasto, não pode ser encantador, precisamente porque é incapaz de abrigar o irrelevante.[14]

As dificuldades surgem quando passamos a examinar questões pungentes de nossos tempos, com ampla repercussão na vida de todos e implicações no exercício da cidadania, mas que parecem não encontrar abrigo confortável na esfera pública tal como Arendt a compreende. A pobreza, tal como aparece na obra *Sobre a revolução*, por exemplo, é

---

14 *Ibidem*, p. 64 (grifo meu).

CAPÍTULO 6 | A ESFERA SOCIAL: POLÍTICA, ECONOMIA E JUSTIÇA 137

compreendida como danosa quando acolhida no domínio público, na medida em que poderia ser mais bem resolvida por expedientes técnicos e disposições administrativas, por um lado, e em que opera como um canal para o traslado dos interesses privados para a esfera política, assim como da violência necessária para suplantar as necessidades vitais. Compreendendo que nenhuma revolução resolveu a questão social e levando a crer que a tentativa de fazê-lo por meios políticos conduz ao terror, a lançar as revoluções à ruína, Arendt insere algumas dificuldades na já complexa relação entre as indispensáveis condições pré-políticas da cidadania e o engajamento dos cidadãos nos assuntos públicos. Assim,

> desconfortavelmente e em marcante contraste com alguns aspectos fundamentais de seu pensamento, Hannah Arendt não apenas sustenta que as preocupações econômicas são por definição opostas à liberdade e à capacidade para a ação, mas também que a miséria, quando aparece em praça pública, como no caso da Revolução Francesa, pode ser apenas destrutiva, na medida em que mobiliza pela violência a satisfação de aspirações pré-políticas.[15]

No ensaio pioneiro sobre as dificuldades para se pensar a justiça no pensamento de Hannah Arendt, publicado em 1981, do qual extraí o trecho citado, Hanna Pitkin, desafia o pensamento arendtiano com duas questões fundamentais: "O que mantém estes cidadãos juntos como um corpo? E sobre o que eles falam naquela conversação sem fim

---

15 Hannah Pitkin, Justice: on relating private and public, p. 334 segs.

na *ágora?*".[16] Hannah Arendt reconhece que seu conceito de ação pública é marcadamente singularizador, na medida em que subjaz a ele o impulso por autorrevelação. Certamente entre os gregos o domínio público "era permeado por um espírito acirradamente agonístico: cada homem tinha constantemente de se distinguir de todos os outros, de demonstrar, por meio de feitos ou façanhas singulares, que era o melhor de todos (*aien aristeuein*)".[17] Pitkin assevera ser evidente que o que mantém esses cidadãos competitivos juntos é que cada um precisa dos outros como uma audiência, como meios para seus fins pessoais. Creio que aqui se poderiam aduzir, contra esta tese, os vários momentos em que Arendt salientava a dependência da grandeza dos cidadãos para com a grandeza da *polis* e, mais ainda, o quanto a grandeza dos cidadãos tinha de se afirmar antes de tudo em benefício da comunidade política, consoante aos acordos que estabelecem entre si. É dupla a função da *polis*, para Arendt: multiplicar as possibilidades de alcançar fama imortal, de se distinguir, e por outro lado, oferecer um remédio para a fragilidade da ação e do discurso, organizando-se como palco para uma memória coletiva dos grandes feitos humanos.

A segunda pergunta levantada por Pitkin, acerca dos temas das conversações dos cidadãos na ágora, já havia sido posta antes pelo poeta Winston H. Auden, em uma resenha de *A condição humana*, publicada inicialmente no mesmo ano da edição do livro (1958), e pela escritora Mary McCarthy à própria Arendt, em um congresso sobre o seu

---

16 *Ibidem*, p. 336.
17 H. Arendt, *A condição humana*, p. 50-51.

CAPÍTULO 6 | A ESFERA SOCIAL: POLÍTICA, ECONOMIA E JUSTIÇA   **139**

pensamento no Canadá, em 1972 – pergunta depois refor-
çada por Richard Bernstein e Albrecht Wellmer, também
presentes ao mesmo congresso. W. H. Auden indica que
Arendt "é talvez mais reticente do que deveria ser sobre o
que realmente ocorria nesse domínio público dos gregos".[18]
Mary McCarthy é mais incisiva:

> o que se espera que alguém faça na cena pública, no espaço
> público, se mesmo não se preocupa com o social? Ou seja, o
> que resta? (...). Se todas as questões de economia, bem-estar
> humano, ocupação, tudo que afeta a esfera social, devem ser
> excluídas da cena política, então estou perplexa. Fiquei com
> a guerra e os discursos, mas os discursos não podem ser ape-
> nas discursos, têm de ser discursos sobre algo.[19]

Richard Bernstein, por sua vez, indica que a principal
questão correlata é aquela sobre "se nos dias de hoje podemos dissociar ou separar consistentemente o social e o
político".[20] Hannah Arendt reconhece a Mary McCarthy a
própria dificuldade com a questão e responde que "a vida
muda constantemente e as coisas estão constantemente lá
como se quisessem ser discutidas. Em todas as épocas as
pessoas que vivem juntas terão assuntos que pertencem ao
âmbito do público – 'são dignas de serem discutidas em público'. O que esses assuntos *são* em cada *momento* histórico
é provavelmente *completamente* diferente".[21] À de Richard

---

18 W. H. Auden, Thinking what we are doing, p. 74.
19 H. Arendt, Sobre Hannah Arendt, p. 138.
20 *Ibidem*, p. 139.
21 *Ibidem*, p. 138. Grifos no original.

Bernstein, desencadeada pela insatisfação com esta resposta, Hannah Arendt responde que "há coisas em que a medida correta pode ser calculada. Estas coisas podem de fato ser administradas e, desse modo, não estão sujeitas ao debate público. O debate público pode lidar apenas com coisas que – se quisermos formular negativamente – não podemos calcular com exatidão".[22]

Ante tais respostas de Arendt, Albrecht Wellmer diz o seguinte:

> pediria a você que desse um exemplo atual de um problema social que não seja ao mesmo tempo um problema político. Considere tudo: como educação, saúde, problemas urbanos, e mesmo o simples problema dos padrões de vida. Parece-me que mesmo os problemas sociais em nossa sociedade são inevitavelmente problemas políticos. Contudo, se isto estiver correto, então certamente também estaria correto afirmar que é impossível estabelecer uma distinção entre o social e o político em nossa sociedade.[23]

Arendt aceita o desafio: "consideremos o problema da habitação. O problema social é certamente uma moradia adequada, mas a questão sobre se esta moradia adequada

---

22 *Ibidem*, p. 139.
23 *Ibidem*, p. 140 e 141. Mais de duas décadas depois Wellmer reformula essa posição sob uma nova luz: "se, como sugeri, a esfera do político está vinculada às esferas do social, da economia, da administração e do direito de um modo inteiramente diferente daquele que Arendt indica, então a questão de como traçar as fronteiras entre o que deve e o que não deve ser incluído no domínio próprio de cada uma torna-se uma questão política de pleno direito". Arendt on revolution, p. 237.

CAPÍTULO 6 | A ESFERA SOCIAL: POLÍTICA, ECONOMIA E JUSTIÇA 141

significa integração ou não é *certamente* uma questão política. Em cada uma destas questões há uma dupla face, e uma destas faces não deve estar sujeita a discussão. Não deveria haver qualquer debate sobre a questão acerca de se todos devem ter uma moradia decente".[24]

Considerando-se tal diálogo, assim como outras tentativas de Arendt de aplicar a sua rigorosa distinção entre o público e o privado ao fenômeno revolucionário e à integração racial nos Estados Unidos, Pitkin indica que

> para uma teórica política de sua estatura e alcance, Hannah Arendt tem consideravelmente pouco a dizer sobre a justiça. Certamente ela não situa o conceito, como Aristóteles, no centro de seu pensamento político; de fato, em suas obras de teoria política abstrata ela raramente usou a palavra. E isto se dá não porque ela se oponha à justiça ou pense que ela é trivial, mas porque estava bastante determinada a salvar a esfera pública e a liberdade política. Se a justiça fosse admitida (…) na vida política, pública, Arendt temia que a trouxesse com ela as perigosas preocupações econômicas e sociais, os famintos e apaixonados pobres que destruiriam o que deveria ser salvo.[25]

A questão remanescente, a partir da posição arendtiana, é se é possível "reconhecer a centralidade das questões econômicas e sociais na vida pública sem reduzir a liberdade política à mera manobra competitiva em vista

---

24 H. Arendt, Sobre Hannah Arendt, p. 141. Grifo no original.
25 Hannah Pitkin, Justice: on relating private and public, p. 339 e 340.

do lucro privado ou a um mero subproduto de inevitáveis processos sociais".[26]

Para Hannah Arendt, enfim, na *polis* o que marca a esfera privada é a convivência com a desigualdade cristalizada na estrutura hierárquica do domínio do *despotés*, ao passo que a esfera pública era o espaço em que todos eram iguais. De sua análise fenomenológica da *polis* não se segue, em todo caso, que ela seja convertida em modelo de comunidade política, inclusive porque considerações de tal ordem não têm lugar no pensamento político de Arendt. Ela reforça, em um trecho crucial para o problema que pretendi indicar brevemente aqui, que

> essa igualdade no domínio político tem muito pouco em comum com o nosso conceito de igualdade: significava viver entre pares e ter de lidar somente com eles, e pressupunha a existência de "desiguais" que, de fato, eram sempre a maioria da população na cidade-Estado. A igualdade, portanto, longe de estar ligada à justiça, como nos tempos modernos, era a própria essência da liberdade: ser livre significava ser isento da desigualdade presente no ato de governar e mover--se em uma esfera na qual não existiam governar nem ser governado.[27]

---

26 *Ibidem*, p. 343. Cf. posição análoga em Bernard Yack, *Problems of a political animal community, justice, and conflict in Aristotelian political thought*, p. 13.

27 H. Arendt, *A condição humana*, p. 39 e 40. "A coisa política entendida nesse sentido grego está, portanto, centrada em torno da liberdade, sendo liberdade entendida negativamente como o não-ser-dominado e não dominar, e positivamente como um espaço que só pode ser produzido por muitos, onde cada qual se move entre iguais (...). Isso é difícil nós compreendermos porque vinculamos à igualdade o conceito de justiça e não o de liberdade e, desse modo, compreendemos mal a expressão grega para uma constituição

CAPÍTULO 6 | A ESFERA SOCIAL: POLÍTICA, ECONOMIA E JUSTIÇA

Se a análise arendtiana da esfera pública é vigorosa para o exame do desbotamento do âmbito político e para a compreensão das origens da dominação total, não faltaram críticas vigorosas ao rigorismo da separação entre público e privado e mais ainda à sua análise da esfera social, como vimos anteriormente em breve amostra. Vários dos seus críticos fazem coro ao assinalar o encurtamento do vigor heurístico do pensamento arendtiano para a compreensão do mundo contemporâneo devido à sua recusa, mesmo hesitante, a conceder que se possam admitir na esfera pública as questões oriundas da sociedade, mesmo aquelas que na modernidade se mostram como pré-condições mínimas à liberação para o exercício da cidadania.

Para compreender a relação entre a ascensão da esfera social e a progressiva transformação e declínio da esfera pública como fenômeno político, importa evidenciar a intrínseca relação entre esta esfera social e as modernas sociedades de massas. Em primeiro lugar, ao contrário do que se daria no interior de qualquer esfera política, a sociedade espera de cada um de seus membros, ao invés de ação, certo tipo de comportamento comum – e a diferença política mais relevante entre agir e se comportar reside no caráter previsível e manipulável do comportamento, em oposição ao caráter espontâneo e fugidio da ação. Para Hannah Arendt, o caráter

---

livre, a *isonomia*, em nosso sentido de uma igualdade perante a lei. Porém, *isonomia* não significa que todos são iguais perante a lei nem que a lei seja igual para todos, mas sim que todos têm o mesmo direito à atividade política; e essa atividade na *polis* era de preferência uma atividade da conversa mútua (...). Claro que essa igualdade não tem a mínima coisa a ver com justiça." *Idem, O que é política?*, p. 48 e 49.

monolítico de todo tipo de sociedade certamente decorre de que nela os homens estão unidos simplesmente como membros da humanidade, enquanto naturalmente sujeitos às mesmas necessidades. É nesse sentido que a expansão da esfera social sobre as esferas privada e pública tem como decorrência a canalização do próprio processo da vida para a esfera pública ou, mais precisamente, a diluição da fronteira que mantinha o público e o privado como esferas distintas. A hipótese central de Arendt a esse respeito, como indica M. P. D'Entrevés, é a de que "a destruição da fronteira que separa o privado do público reduziu a política a um assunto de economia doméstica nacional, isto é, a uma atividade não mais caracterizada por ação, liberdade, participação e deliberação, mas por trabalho, necessidade, governo e administração burocrática".[28]

Na medida em que a sociedade de massas indica basicamente a absorção dos diversos grupos sociais por uma sociedade única, seu surgimento manifesta que a expansão da esfera social talvez tenha atingido seu paroxismo. As atividades econômicas se expandiram a ponto de adquirirem um conteúdo político, fazendo com que a política seja compreendida, para Arendt, segundo o modelo de uma grande família a zelar pelas necessidades vitais de todos – e onde a vida está em jogo já adentramos o âmbito da necessidade.

Na esteira da crítica de J. Habermas, que examinarei mais a fundo adiante – mas com uma preocupação específica com a caracterização arendtiana da esfera social, e com o modo como se estabelece, a partir dela, a relação entre economia e

---

28 M. P. D'Entrèves, *The political philosophy of Hannah Arendt*, p. 59.

política –, temos as análises críticas de M. P. D'Entrevés, H. Pitkin, C. Pateman, N. Fraser, S. Benhabib, dentre outros. M. P. D'Entrevés dirige duas críticas principais: em primeiro lugar, a caracterização arendtiana da esfera social – como sendo a esfera do trabalho, das necessidades biológicas e materiais, da reprodução das nossas condições de existência – parece muito restrita. Para ele, muito embora esta caracterização possa ser adequada às atividades realizadas na esfera que ela define como privada, "é totalmente imprópria como uma descrição das modernas formas industriais de produção, com suas altas taxas de acumulação de capital e seu alto nível de crescimento econômico".[29] Desse modo, identificando o social com as atividades econômicas de reprodução simples, Hannah Arendt, segundo ele, corre o risco de negligenciar o fato de que as economias capitalistas modernas geram um excedente que vai muito além das necessidades de reprodução.

Em segundo lugar, D'Entrevés considera que, sustentada em tal análise, Hannah Arendt se torna "incapaz de reconhecer que uma economia capitalista moderna constitui uma estrutura de poder, determina a alocação de recursos e a distribuição de responsabilidades e recompensas".[30] Ele defende, enfim, que, por se basear na "enganosa analogia" com a família, Hannah Arendt incorre no duplo equívoco de manter as questões referentes à economia em um âmbito pré-político e ignorar a relação crucial entre poder econô-

---

29 *Ibidem*, p. 60.
30 *Ibidem*, p. 60 e 61.

mico e exploração. Na mesma direção, Sheldon Wolin argumenta que Arendt

> nunca conseguiu compreender a lição básica ensinada não apenas por Marx, mas também pelos economistas clássicos, de que *uma economia não é meramente trabalho, propriedade, produtividade e consumo: é uma estrutura de poder, um sistema de relações contínuas em que o poder e a dependência tendem a tornarem-se cumulativos e as desigualdades são reproduzidas em formas cada vez mais sofisticadas.*[31]

Tal objeção não é trivial, e de difícil solução no interior da obra arendtiana, na medida em que notadamente o sistema capitalista não permite que se compreenda inteiramente seu significado e suas implicações políticas sem que se considere a relação promíscua entre mercado e Estado, na medida em que o próprio sistema não subsiste sem a demanda permanente por articulação sistemática entre economia e política.

Seyla Benhabib, por seu turno, articula suas críticas à metodologia, à distinção público/privado e à esfera social em Hannah Arendt em um mesmo movimento. A metodologia adotada por Arendt na compreensão da política estaria envolvida por uma dupla tensão. A primeira se refere ao fato de que seu pensamento não estaria livre da suposição – derivada da *Ursprungsphilosophie* (uma filosofia da origem ou do sentido originário) – que localiza um estado original ou um ponto temporal como privilegiado para a busca por cap-

---

31 Hannah Arendt: democracy and the political, p. 9 e 10. Grifo meu.

CAPÍTULO 6 | A ESFERA SOCIAL: POLÍTICA, ECONOMIA E JUSTIÇA

turar o sentido verdadeiro dos fenômenos. Para Benhabib, esta concepção seria inspirada pela fenomenologia de Husserl e Heidegger, segundo a qual "a memória é a recordação mimética das origens perdidas dos fenômenos enquanto contidas em alguma experiência humana fundamental".[32]

A segunda tensão refere-se à concepção arendtiana do pensamento político como *storytelling*, tentando pensá-lo por meio da história humana, sedimentada nas camadas da linguagem (uma *Begriffsgeschichte*) – uma espécie de fenomenologia, vale dizer. Para Benhabib, a decorrência metodológica deste comprometimento teórico, acerca do conceito de política, é a construção de um método historiográfico fragmentário – que, vale dizer, todavia busca restabelecer a possibilidade de articulações significativas entre os fenômenos –, inspirado por Benjamin, e que consiste em "uma lembrança, no sentido de um ato criativo de 're-membrar' (*re-membering*), isto é, de colocar juntos os membros de um todo, de um repensar que libera as perdas potenciais do passado".[33] Hannah Arendt, em todo caso, afirma ser parte de seu pressuposto a ruptura do fio da tradição e de seu método a desconstrução da metafísica que tem por assentada tanto a ruptura quanto a impossibilidade de reatamento do fio da tradição.

A denúncia arendtiana da relação entre a ascensão da esfera social e o declínio do espaço público seria uma decorrência dessa dupla tensão metodológica. Para Benhabib,

---

32 S. Benhabib, Models of public space: Hannah Arendt, the Liberal tradition, and Jürgen Habermas, p. 77.

33 *Ibidem*, p. 76.

enquanto Hannah Arendt lamenta a diluição das fronteiras entre o público e o privado devida ao surgimento do social, a emancipação dos trabalhadores torna as relações de propriedade uma questão de política pública; a emancipação da mulher torna a família e a esfera privada questões públicas;[34] a conquista de direitos por pessoas não brancas e não cristãs tem colocado as questões culturais de identidade coletiva e outras representações na agenda pública. Para Benhabib, estas e outras disputas sobre o que deve ser incluído na agenda pública são, simultaneamente, lutas por justiça e liberdade. Por isso defende que "a distinção entre o social e o político não faz sentido no mundo moderno, não porque toda a política se tornou administração e porque a economia se tornou a quintessência pública, como pensa Hannah Arendt, mas principalmente porque a disputa para tornar pública alguma coisa é uma luta por justiça".[35]

Hanna Pitkin já havia insistido na ausência da questão da justiça na obra arendtiana, como já indiquei. Isto se daria não porque Hannah Arendt considerasse esta questão sem importância, mas porque estava determinada a isolar a esfera pública de qualquer questão pertencente ao domínio do social, no intuito de preservá-la da destruição. Por insistir em uma rígida separação entre o social e o político, ela teria se tornado incapaz de preservar para a justiça o lugar central que deveria ocupar em toda teoria política, supõe Pitkin. Mais que isto, ela acabaria por ter de tratar o social e o

---

34 Contra isso conferir, por exemplo, H. Arendt, *O que é política?*, p. 75.
35 S. Benhabib, Models of public space: Hannah Arendt, the Liberal tradition, and Jürgen Habermas, p. 79.

CAPÍTULO 6 | A ESFERA SOCIAL: POLÍTICA, ECONOMIA E JUSTIÇA

econômico como questões técnicas que requerem soluções administrativas.[36] Isso seria decorrência – na análise de Benhabib – de um "essencialismo fenomenológico" (expressão ironicamente contraditória) de Hannah Arendt, por meio do qual o espaço público seria definido como lugar exclusivo para certo tipo de atividade: a ação, oposta à fabricação e ao trabalho, e delimitada "por referência ao *conteúdo substantivo* do diálogo público". Desse modo, Hannah Arendt relegaria

> certos tipos de atividades como fabricação e trabalho [que para Benhabib também são tipos de ação] e, por extensão, todas as questões de economia e tecnologia, somente à esfera privada, ignorando o fato de que estas atividades e relações também, na medida em que são baseadas em relações de poder, poderiam tornar-se assunto de disputa pública.[37]

Por fim, Benhabib se pergunta:

---

36 Cf. Maurizio P. D'Entrèves, *The political philosophy of Hannah Arendt*, p. 61.
37 Seyla Benhabib, Models of public space: Hannah Arendt, the Liberal tradition, and Jürgen Habermas, p. 80. Concordo, entretanto, com Carmelita Felício quando ela afirma que "Arendt nos oferece elementos para pensar a reconstrução da esfera pública não à luz de um único critério e/ou modelo, uma vez que a esfera pública é parte do mundo comum que habitamos, caracterizado pela pluralidade, não se reduzindo, pois, a um único espaço topograficamente determinado. Se houve uma retração do espaço público, a ponto de chegarmos a confundi-lo com uma única esfera onde se desenrolariam todos os negócios humanos, é porque o mundo compartilhado nos aparece sob um ponto de vista particular e não na sua multiplicidade". Sob o signo da república: notas sobre o estatuto do sistema de conselhos no pensamento de Hannah Arendt, p. 32.

> Se o espaço agonístico da *polis* era possível somente porque grandes grupos de seres humanos – como mulheres, escravos, crianças, trabalhadores, não cidadãos residentes, e todos os não gregos – estavam excluídos dele, ao mesmo tempo em que tornavam possível, por meio do seu trabalho para as necessidades da vida cotidiana, aquele "tempo livre para a política" que era desfrutado por poucos, então a crítica da ascensão do social, que foi acompanhada pela emancipação desses grupos do "sombrio interior do lar" e por sua entrada na vida pública, é também uma crítica ao universalismo político como tal?[38]

Isto é análogo a indagar sobre se a redescoberta do mundo público na época moderna só seria possível sob uma perspectiva elitista e antidemocrática, dificilmente reconciliável com a busca pela emancipação universal e pela extensão dos direitos do cidadão, que acompanham a modernidade ao menos desde as revoluções Francesa e Americana. Ou seja, se é possível pensar a política na modernidade, sem abrir mão do que talvez seja a sua maior conquista política, a inclusão possível de todos os indivíduos e grupos sociais no interior do espaço público.

O problema, para Benhabib, consiste em viabilizar uma concepção de espaço público que abranja, pela discursividade e não por um "essencialismo fenomenológico", desde a definição da agenda de conversação pública até uma ampla discussão, envolvendo os mais diversos grupos sociais, no que se refere à deliberação acerca dos temas tidos como públicos, sejam eles oriundos do âmbito "privado", do "social"

---

38 *Ibidem*, p. 75.

CAPÍTULO 6 | A ESFERA SOCIAL: POLÍTICA, ECONOMIA E JUSTIÇA 151

ou do "público". Para ela, é relevante em Hannah Arendt
ela ter desenvolvido, com seu modelo associativo, não um
conceito substantivo, mas procedimental de espaço público,
no qual o que realmente importa não é o que tem lugar no
discurso público, mas o modo como este discurso se dá. Isto
é, importa se desse discurso está excluído todo elemento de
força e violência em nome da predominância da persuasão
e da eventual convicção compartilhada. É nesse sentido que,
para ela, do ponto de vista do que ela chama de modelo procedimental arendtiano de esfera pública, "nem a distinção
entre o social e o político nem a distinção entre obra, trabalho e ação são relevantes".[39]

A questão é que a política moderna formou para si,
desde o início, um novo conceito de participação. A emer-
gência de uma esfera pública autônoma de discussão e deliberação públicas é central a esse modo de participação.
Para Benhabib, é possível, senão necessário, conciliar participação e democracia moderna, sem todavia recorrer aos
pensadores republicanos da tradição das virtudes cívicas ou
inspirados pelo modelo de cidadania da *polis*. Eles não poderiam fornecer uma resposta ao problema da participação
para as complexas sociedades modernas, com suas altamente diferenciadas esferas econômica, jurídica, política, civil e
doméstica, de modo que seria necessário inspirar-se no que
ela chama, pensando principalmente na obra de Jürgen
Habermas, de teoria crítica contemporânea. Esta teoria
seria a mais capaz de fornecer uma formulação aceitável e
contextualizada do conceito de participação, incluindo tanto

---

39 *Ibidem*, p. 81.

o conceito de "formação discursiva da vontade"[40] quanto a expansão da participação da esfera política para contemplar também às esferas cultural e social.

Por essas razões, a compreensão arendtiana do espaço público estaria em desvantagem em relação ao modelo liberal – concebido como diálogo público – e ao modelo discursivo habermasiano. Em primeiro lugar, se comparado com o modelo liberal, o arendtiano tem muito mais dificuldade, na visão de Benhabib, para estabelecer um vínculo claro e substantivo entre poder, legitimidade e discurso público. A vantagem do modelo habermasiano sobre ambos se assentaria em que seu modelo discursivo de espaço público seria "radicalmente indeterminado e aberto". Ele não estabelece de antemão, por exemplo, a agenda do debate público, nem restringe o acesso ao espaço onde se dá esse debate. Desse modo, "o modelo discursivo é o único que é compatível tanto com a tendência social geral de nossas sociedades e com as aspirações emancipatórias dos novos movimentos sociais, como o movimento das mulheres",[41] na medida em que permite o surgimento de um espaço e um discurso públicos nos quais se daria uma democratização das questões tornadas públicas, de modo que estas pudessem ser envolvidas no debate, na reflexão, na ação e na transformação político-moral envolvidas no processo de formação discursiva da vontade. Em suma, segundo este *modelo crítico de espaço público e discurso público*, compartilhado, segundo Benhabib, por Habermas e pelo movimento feminista,

---

40 Cf. *Ibidem*, p. 85 e 86.
41 *Ibidem*, p. 95.

CAPÍTULO 6 | A ESFERA SOCIAL: POLÍTICA, ECONOMIA E JUSTIÇA **153**

> o espaço público não é entendido *agonisticamente* como um espaço de competição por aclamação e imortalidade entre uma elite política; ele é visto democraticamente como a criação de procedimentos pelos quais esses afetados pelas normas sociais gerais e pelas decisões políticas coletivas possam opinar em sua formulação, estipulação e adoção.[42]

Benhabib força sua interpretação, segundo julgo, quando afirma que Arendt, em decorrência do seu "essencialismo fenomenológico", insiste em separar ação de fabricação e trabalho, fazendo simultaneamente com que questões de economia e política, relegadas à esfera privada, mas baseadas em relações de poder, pudessem vir a tornar-se assunto de disputa pública. O problema não reside estritamente na paradoxal expressão "essencialismo fenomenológico" e na sua conotação denegatória, mas na defesa de que as relações sobre as quais se assentam o trabalho e a fabricação, a economia e a tecnologia, são relações de poder, mesmo quando não tomamos este último termo no sentido atribuído a ele por Hannah Arendt. As relações que aí se dão, quando ultrapassam o âmbito meramente econômico, raramente chegam a ser mais do que, voltando à terminologia arendtiana, relações de domínio.

Quando pergunta se a crítica da ascensão do social equivale a uma crítica do universalismo como tal, Benhabib tende a responder afirmativamente. Se o fizesse, desconsideraria a preocupação de Hannah Arendt com uma ampla participação política. A questão é que a participação social,

---

42 *Ibidem*, p. 87.

como parece defender Benhabib, é para Arendt justamente o tipo suposto por uma democracia eleitoral que camufla a ausência efetiva do conjunto da população da participação efetiva no domínio público sob a defesa pública dos interesses de indivíduos ou grupos. Além disto, esta ilusão democrática moderna acerca da participação da maioria absoluta da população no exercício do poder é o tipo de suposição que o totalitarismo fará ruir, como assinalei no primeiro capítulo, na medida em que mobilizou e se sustentou constantemente nessa massa apolítica, tanto nos seus brados quanto no seu consentimento silencioso. Em suma, emancipação social não equivale a universalismo político, ao mesmo tempo em que não podemos considerar *a priori* a inclusão *ideal* de todos os indivíduos e grupos sociais no interior do espaço público uma conquista política completa. Hannah Arendt parece mais exigente, na medida em que concebe como indissociáveis liberdade e participação.[43] Se não podemos organizar tal tipo de participação, nem recorrer a um modelo de representação que o incorpore, não conseguiremos constituir um espaço político.

Uma rígida separação entre os espaços público e privado, entre esferas de igualdade e desigualdade legítimas, impediria o tratamento público de questões privadas, por assim dizer, mas publicamente relevantes, dentre as quais podemos indicar a violência doméstica, aberrantes desigualdades sociais etc. Afinal, para Seyla Benhabib, a face agonística do conceito arendtiano de esfera pública o tornaria incongruente com a realidade sociológica da moderni-

---

43 H. Arendt, *Sobre a revolução*, p. 278.

CAPÍTULO 6 | A ESFERA SOCIAL: POLÍTICA, ECONOMIA E JUSTIÇA

dade, assim como com as modernas disputas políticas por justiça (embora mesmo S. Benhabib sublinhe que o modelo associativo de espaço público em Hannah Arendt é muito relevante para pensar a experiência da política em todos os novos movimentos sociais).[44]

O conceito arendtiano de esfera pública reserva um potencial emancipatório notável, aliado a uma valorização da dignidade da política, quando insiste que emancipação social não equivale à emancipação política. A despeito das dificuldades para pensar a nossa época, decorrentes do rigor com que Hannah Arendt insiste na distinção entre tudo o que é da ordem do econômico e o que é do domínio público, foi a mesma Arendt quem assinalou, de um lado, que todos os seres humanos são capazes de ação e cidadania e, por outro, quem reconhecia que na *polis* "o preço da eliminação do fardo da vida dos ombros de todos os cidadãos era enorme e de modo algum consistiu apenas na injustiça violenta de forçar uma parte da humanidade a ingressar na treva da dor e da necessidade".[45]

As dificuldades deixadas por Arendt no que diz respeito à questão social não são triviais. Penso que é notável a possível incompreensão do vínculo estreito entre poder econômico e poder político sob o capitalismo, assim como da relevância pública das questões coletivas, as quais, mesmo quando traduzem claramente interesses de grupos, podem abranger condições pré-políticas indispensáveis à libertação

---

44 Cf. S. Benhabib, Models of public space: Hannah Arendt, the Liberal tradition, and Jürgen Habermas, p. 95 e nº 36.
45 H. Arendt, *A condição humana*, p. 147.

do aprisionamento à necessidade sem a qual a participação política não é possível.

Para encerrar, menciono um trecho publicado postumamente em que ela debate um texto intitulado "Direitos privados e o bem público" com uma réplica intitulada "Direitos públicos e interesses privados". Tal trecho, no tom coloquial do debate, indica o quanto Hannah Arendt estava ciente do que está em questão aqui:

> o que dizer dos direitos privados de indivíduos que são também cidadãos? [Como os interesses e direitos privados de alguém podem ser reconciliados com o que se tem direito a exigir dele enquanto um cidadão?] (…) realmente a liberdade, a vida política, a vida do cidadão – esta "felicidade pública" de que falei – *é* um luxo; uma felicidade *adicional* para a qual se torna apto apenas depois de as solicitações do processo vital terem sido satisfeitas.

> Desse modo, se falamos de igualdade, a questão é sempre a seguinte: quanto temos de transformar as vidas privadas dos pobres? Em outras palavras, quanto dinheiro temos de dar a eles para torná-los aptos a desfrutar da felicidade pública? Educação é muito bom, mas o que importa mesmo é dinheiro. Somente quando puderem desfrutar do público é que estarão dispostos e aptos a fazer sacrifícios pelo bem público. Requerer sacrifícios de indivíduos que ainda não são cidadãos é exigir deles um idealismo que eles não têm e nem podem ter em vista da urgência do processo vital. Antes de exigirmos idealismo dos pobres, devemos antes torná-los cidadãos: e isto implica transformar as circunstâncias de suas vidas privadas de modo que se tornem aptos a desfrutar do "público".[46]

---

46 *Idem*, Public rights and private interests, p. 106 e 107. Grifos no original.

CAPÍTULO 6 | A ESFERA SOCIAL: POLÍTICA, ECONOMIA E JUSTIÇA 157

Enfim, Hannah Arendt reconhece que em cada uma das questões sociais há uma dupla face. O que ela realmente não deixa claro é o mecanismo ou o procedimento por meio do qual as questões sociais que possuem relevância para a coletividade, e cuja solução é pressuposta no pleno exercício da cidadania, seriam admitidas no domínio político sem provocar a sua ruína ou se converter em uma usurpação do espaço público por interesses privados – enfim, como conciliar liberdade e igualdade ou espaço político e justiça. Embora não acompanhe Albrecht Wellmer em todas as suas conclusões – como sua insistência sobre uma oposição entre participação e representação em Arendt –, julgo que ele atinge o cerne da questão quando afirma que

> se são as preocupações *comuns* que estão em questão na ação conjunta e no debate político (como Arendt defende), então as questões acerca da ecologia, da economia e da administração são também potencialmente questões políticas. A autonomia do político possivelmente não pode consistir em que a política tenha migrado para uma região além das esferas da vida. Ela tem de consistir antes no fato de que questões levantadas por essas esferas podem ser consideradas nos termos do discurso político, a partir de pontos de vista que representam não aquele do homem de negócios, do consumidor privado, do cientista ou do burocrata, mas antes *cidadãos* decidindo como eles querem viver juntos e preservar seu mundo compartilhado.[47]

---

47 A. Wellmer, Arendt on revolution, p. 235. Grifos no original. "Mesmo se concedermos que a liberdade pública é algo distinto da liberdade negativa – ou da proteção dos direitos dos indivíduos, ou da justiça social, ou de uma administração eficiente –, a esfera política estará ainda, por assim dizer, pai-

Não é inconsistente supor que Arendt pudesse julgar ser esta uma tarefa política permanente de toda comunidade política.

---

rando no ar se não *transformar* todas essas preocupações em assuntos *políticos*, se não as tornar questões de preocupação comum *pública*. No caso dos direitos individuais e da justiça social, não concerne simplesmente à questão das necessárias *pré-condições* da liberdade política nas sociedades modernas (como Arendt estava disposta, em algumas ocasiões, a admitir), mas antes dos *objetos* primários do discurso político, e assim do tipo de 'preocupações comuns' com que se deve lidar (de acordo com a compreensão arendtiana) nas instituições de uma república livre". *Ibidem*, p. 232 e 233. Grifos no original.

7

O CASO DO CONCEITO DE PODER – A ARENDT DE HABERMAS

O poder corresponde à habilidade humana não apenas para agir, mas para agir em concerto.[1]

Hannah Arendt

Em 1976, em um texto pioneiro que se tornou clássico, concebido como uma *laudatio* a Hannah Arendt, falecida em 1975, Habermas se detém sobre o significado e a singularidade do conceito de poder na obra da autora. Nesse texto, intitulado "O conceito de poder em Hannah Arendt", ao se apropriar do que nomeia *poder comunicativo* em Arendt, Habermas se esforça por indicar o quanto tal conceito, ao implicar a recusa do modelo teleológico de ação, acaba por estabelecer um estreito vínculo entre poder e assentimento, fundado em um modelo comunicativo de ação política, no qual "os participantes orientam-se para o entendimento recíproco e não para o próprio sucesso".[2]

A despeito de em grande medida Habermas se reconhecer amplamente na interpretação arendtiana do poder, que considera vigorosa e original, sua abordagem do conceito

---

1   H. Arendt, *Sobre a violência*, p. 36.
2   J. Habermas, O conceito de poder em Hannah Arendt, p. 103.

na obra da autora é marcada por um conjunto de objeções ou, segundo seu juízo, reparos fundamentais mobilizados por sua tentativa de transpor o horizonte por ele denominado *normativo* na compreensão de Arendt em direção a um exame do que nomeia de *utilidade científica* com vistas à adequação do conceito para fins descritivos.[3] Ao comentar o interesse de Arendt pelo fenômeno revolucionário como sendo uma via privilegiada para a apreensão dos dilemas envolvidos na gestação e na conservação do poder, Habermas observa com precisão que

> o que interessa a Arendt nos movimentos emancipatórios é o poder da convicção comum: a desobediência com relação a instituições que perderam sua força legitimatória; a confrontação do poder, gerado pela livre união dos indivíduos, com os instrumentos coercitivos de um aparelho estatal violento, mas impotente; o surgimento de uma nova ordem política e a tentativa de estabilizar o novo começo, a situação revolucionária original, e de perpetuar institucionalmente a gestação comunicativa do poder.[4]

Essa acurada descrição é modulada por uma acre objeção: para ele, mesmo quando examina o fenômeno revolucionário e opõe as manifestações da democracia direta e representativa no sistema de conselhos à apolitia da sociedade de massas, Arendt acaba por recorrer a uma imagem estilizada da *polis* grega, transformada na essência do político, o que faz com que ela estabeleça "dicotomias conceituais

---

3 Cf. *ibidem*, p. 104.
4 *Ibidem*, p. 338.

CAPÍTULO 7 | O CASO DO CONCEITO DE PODER – A ARENDT DE HABERMAS   **161**

rígidas entre 'público' e 'privado', Estado e economia, liberdade e bem-estar, atividade político-prática e produção, não aplicáveis à moderna sociedade burguesa e ao Estado moderno".[5] Para ele,

> um Estado exonerado da elaboração administrativa de matérias sociais; uma política depurada das questões relativas à política social; uma institucionalização da liberdade pública que independe da organização do bem-estar; um processo radical de formação democrática da vontade que se abstém em face da repressão social – este não é um caminho viável para *nenhuma* sociedade moderna.[6]

Assim, se limitarmos o poder político exclusivamente à práxis, "à fala recíproca e à ação conjunta dos indivíduos" como o teria feito Arendt – inspirada em Aristóteles, segundo Habermas –, não teremos como compreender o significado da política contemporânea, notadamente no que concerne à relevância política das questões econômicas e sociais e à necessária ação estratégica que preside as disputas pelo poder, mas que também está voltada à preservação do poder político, muitas vezes pelo recurso à coerção. Ele observa, com efeito, que

> a ação estratégica também se realiza dentro dos muros da cidade; ela se manifesta nas lutas pelo poder, na concorrência por posições vinculadas ao exercício do poder legítimo. Devemos distinguir – prossegue Habermas – a dominação, ou

---

5   *Ibidem*, p. 109.
6   *Ibidem*, p. 110. Grifo no original.

seja, o *exercício* do poder político, tanto da *aquisição* e preservação desse poder, como da sua *gestação*. Nesse último caso, e somente nele, o conceito de práxis pode auxiliar-nos.[7]

Para Habermas, a objeção fundamental que se pode fazer ao conceito de poder definido por Hannah Arendt é a de que "a política não pode ser idêntica (...) à práxis daqueles que conversam entre si, a fim de agirem em comum".[8] Com efeito, seria necessário separar a gestação do poder, na qual pode ser aferida sua legitimidade, do exercício legítimo do poder, que frequentemente supõe interações entre o governo e os cidadãos orientadas pela coerção e pela relação estratégica de mando/obediência, que claramente têm de ser rejeitadas na práxis que presidiu a fundação da comunidade política.

Tais considerações desafinam do entusiasmo habermasiano com o conceito arendtiano de esfera pública, em *Mudança estrutural da esfera pública* (1962), e, em *Teoria e práxis* (1963), com o conceito de ação como práxis, fundado na distinção entre *práxis* e *poiésis*, delineada por Arendt a partir de Aristóteles. Segundo o próprio testemunho de Habermas, ele atentou para a centralidade da distinção entre ação e fabricação entre os antigos a partir principalmente da leitura de *A condição humana*, de Hannah Arendt, e também de *Verdade e método*, de Gadamer. Já então Habermas indicava que desde os primórdios da modernidade, ou ao menos desde Maquiavel, o que marca a política moderna é a dilui-

---

7   *Ibidem*, p. 111. Grifos no original.
8   *Ibidem*, p. 115.

CAPÍTULO 7 | O CASO DO CONCEITO DE PODER – A ARENDT DE HABERMAS **163**

ção da fronteira entre ação e fabricação, inviolável no pensamento clássico,[9] como Arendt já indicara antes em traços análogos em *A condição humana*.

As objeções de Habermas não podem ser compreendidas se não atentarmos para o descompasso entre o nível descritivo ou realista[10] no qual ele julga operar, e o nível que ele julga normativo em Arendt – empregando uma terminologia que ela certamente recusaria. Arendt, em seu exame do fenômeno do poder político, jamais pretendeu fazer teoria social ou ciência política, *stricto sensu*, mas também não almejava erigir um ideal normativo regulador. Em vista disso, seguramente para ela não seria uma objeção legítima a indicação da inaplicabilidade dos seus conceitos de ação, poder e política para a descrição da sociedade moderna. Para os leitores de *A condição humana* fica claro que, para Arendt, essa inaplicabilidade apenas reforça suas hipóteses com relação ao declínio da política na era moderna.

Arendt sempre se esforçou por estabelecer delimitações conceituais claras entre política e governo, poder e violência e entre público e privado, por exemplo. Seguramente é um problema para seu pensamento político o lugar da violência no fenômeno revolucionário e, ainda, na coerção necessária à conservação das instituições que se materializaram na fundação da comunidade política. Ela admite, não obstante, que frequentemente a violência é um meio de "dramatizar queixas e trazê-las à atenção pública".[11] Seguramente a

---

9   *Idem*, *Teoría y práxis:* estudios de filosofía social, p. 66.
10   Cf. *idem*, O conceito de poder em Hannah Arendt, p. 103 e 115.
11   H. Arendt, *Sobre a violência*, p. 58.

violência é eficaz também para atingir propósitos pontuais, mas na medida em que ela não é capaz de promover causas, de fundar perspectivas ou acordos, envolve sempre o risco de que ao eventual fracasso em seu propósito os próprios meios sobreponham-se ao fim e que o resultado mesmo da violência seja mais violência.

Em todo caso, ela busca indicar antes de tudo que nenhum poder advém da coerção violenta e nenhuma comunidade política pode se assentar estrita ou fundamentalmente na coerção – e é por isso que afirma que "a violência é a arma mais da reforma que da revolução".[12] Essas delimitações, como indicado no prólogo, visam antes de tudo a compreensão dos fenômenos e eventos e não devem ser assumidas como descrição da realidade. Caso contrário, não poderíamos compreender, por exemplo, a seguinte:

> na vida privada como na vida pública, há situações em que apenas a própria prontidão de um ato violento pode ser um remédio apropriado. O ponto central não é o de que isto nos permite desabafar – o que poderia igualmente ser feito dando-se uma pancada na mesa ou batendo-se a porta. *O ponto central é que a violência – o agir sem argumentar, sem o discurso ou sem contar com as consequências – é o único modo de reequilibrar as balanças da justiça.*[13]

Para Habermas, o conceito de poder de Hannah Arendt é heuristicamente vigoroso apenas para elucidar o modo legítimo de sua gestação, sendo inoperante para a compreensão

---

12 *Ibidem.*
13 *Ibidem*, p. 48. Grifo meu.

CAPÍTULO 7 | O CASO DO CONCEITO DE PODER – A ARENDT DE HABERMAS **165**

da conservação das instituições e para o exercício do poder. Cabe notar, entretanto, que para Arendt a conservação do poder político não implica uma reposição da relação mando/obediência rejeitada no momento de sua gestação; e ela também não compreende que a práxis originária deva ser silenciada ou estabilizada em um consenso de fundo a legitimar a gestão da vida coletiva.

Habermas reformula ligeiramente sua posição na obra *Direito e democracia* (*Faktizität und Geltung*), na seção dedicada à análise do que ainda chama de poder comunicativo. Enfatiza então o quanto "o direito se liga *naturalmente* a um poder comunicativo capaz de produzir direito legítimo",[14] mas ainda mantém que se a interpretação arendtiana do poder é indispensável à compreensão da sua legitimidade, na medida em que reflete sobre o surgimento do poder político, não é capaz, entretanto, de explicar o exercício do poder legítimo, ou mesmo o percurso que vai da constituição do poder comunicativo ao poder administrativo, por exemplo. Reitera ainda que "a política não pode coincidir, *no seu todo*, com a prática daqueles que falam entre si, a fim de agir de forma politicamente autônoma",[15] mas acaba por conceder a Arendt, ainda que sem maior ênfase, que "o poder administrativo não deve reproduzir-se *a si mesmo* e sim regenerar-se a partir da transformação do poder comunicativo".[16] Para um leitor da obra *Sobre a revolução*, resenhada com

---

14 J. Habermas, *Direito e democracia:* entre facticidade e validade, vol. I, p. 188. Grifo no original.
15 *Ibidem*, p. 189 e 190. Grifo meu.
16 *Ibidem*, p. 190. Grifos no original.

entusiasmo por Habermas em 1966 e que examinarei no próximo capítulo, não deixa de ser surpreendente que ele considere significativamente original sua defesa de que o direito opere como *médium* da transformação do poder comunicativo em poder governamental.

Quando examinou o fenômeno revolucionário, no qual salta à vista o movimento de ruptura, frequentemente violento, e o subsequente ato de fundação, Arendt esforçou-se por assinalar que nenhuma comunidade política que, após o momento da fundação, deixe de preservar a práxis que a originou – o espírito revolucionário, nesse caso – pode conservar o vigor do poder que a anima e sustenta. Em suma, não pode haver em uma comunidade política legítima uma ruptura entre a práxis que gesta o poder e a práxis que é o próprio exercício do poder. Após a fundação não deve cessar a práxis e começar a gestão, pois a razão de ser da instituição das comunidades políticas é, para Arendt, não a administração da vida social, mas a preservação de um espaço público de participação política no qual a liberdade possa aparecer. A razão de ser da fundação é a conservação, via institucionalização, da práxis originária gestadora de poder. Por isso Arendt jamais identificaria o exercício do poder político nas instituições de uma determinada comunidade política com uma relação de dominação. Mais ainda, não consideraria legítimo poder político algum desligado de sua práxis originária, como também não consideraria vigorosa comunidade política alguma que não fosse capaz de reificar essa práxis em instituições jurídicas capazes de atualizá-la permanentemente.

Por fim, Habermas observa que Arendt acaba por conservar a distinção tradicional entre teoria e prática de acordo

CAPÍTULO 7 | O CASO DO CONCEITO DE PODER – A ARENDT DE HABERMAS **167**

com a qual essa última "se baseia em opiniões e convicções insuscetíveis, *stricto sensu*, de serem verdadeiras (*wahrheitsfähig*)".[17] Com isso, por se basear em um conceito ultrapassado de conhecimento teórico, Arendt, na opinião de Habermas, não é capaz de "compreender o acordo sobre questões práticas como uma formação racional da vontade".[18] Para ele, Arendt "vê entre o conhecimento e a opinião um abismo que não pode ser preenchido por meio de argumentos. Ela procura *outro* fundamento para o poder da opinião – e o encontra na faculdade que tem os sujeitos, capazes de linguagem e de ação, de fazerem promessas e as cumprirem (…). Retrocede, assim, à tradição do direito natural".[19] Esta é a última frase do texto de Habermas.

Se as outras objeções podem ser compreendidas em grande medida pelo desnível na abordagem ou por uma disposição mais apropriadora que interpretativa, o que sem dúvida é legítimo, essa última revela uma aguda incompreensão da obra arendtiana. Com efeito, Arendt realmente insiste na distinção entre verdade e opinião, tendo em vista principalmente objetar uma tradição política ainda vigorosa, de matriz platônica, que tendia a julgar que é possível encontrar um critério último, extrapolítico, capaz de dirimir de uma vez por todas o conflito entre as opiniões dos cidadãos na esfera pública. A oposição à qual ela se refere não é, portanto, entre teoria e prática, mas entre a verdade filosófica de matriz metafísica e o caráter incontornavelmente

---

17 *Idem*, O conceito de poder em Hannah Arendt, p. 116.
18 *Ibidem*.
19 *Ibidem*, p. 117 e 118. Grifo no original.

perspectivo de toda opinião que circula no âmbito político. Isso não significa que as opiniões sejam falsas e que não sejam suscetíveis de convergência por meio do livre intercâmbio dos argumentos e das justificativas mobilizadas na fala pública. Antes o contrário. Em todo caso, Arendt, com bons motivos, jamais falaria de uma "formação racional da vontade" e menos ainda suporia que algum consenso subjaza ao vigor de qualquer comunidade política, mesmo como ideia reguladora. Se houver tal ideia reguladora, seria antes o dissenso que torna possível o intercâmbio de perspectivas, que pode resultar no estabelecimento de acordos com vistas a propósitos comuns. Com efeito, Arendt concordaria com a posição aristotélica já assinalada pelo próprio Habermas em *Teoria e práxis*: "a política, a filosofia prática em geral, não pode comparar-se em sua pretensão cognoscitiva com a ciência estrita, a *episteme* apodítica, pois seu objeto, o justo e excelente, carece, no contexto da práxis cambiante e presidida pelo acaso, tanto da permanência ontológica quanto da necessidade lógica".[20]

Ademais, a remissão da promessa de que fala Arendt à tradição do direito natural é inteiramente injustificável. Quando pensa na promessa como redenção possível da imprevisibilidade da ação política transcorrida em uma teia de relações humanas, Arendt tem em vista o conceito romano de lei, consoante ao qual o papel da lei não é apenas o de circunscrever os limites da ação cidadã no domínio político, entre o lícito e o ilícito. Antes de tudo a razão de ser das leis é o estabelecimento de relações, acordos,

---

20 *Idem, Teoría y práxis:* estudos de filosofía social, p. 50.

CAPÍTULO 7 | O CASO DO CONCEITO DE PODER – A ARENDT DE HABERMAS 169

compromissos.[21] Esses pactos remetem diretamente não ao momento da fundação da comunidade política, ao qual é referido o poder legítimo, mas à capacidade dos cidadãos de uma dada comunidade de atualizar por meio de acordos a práxis da liberdade que permanece a razão de ser da fundação. Mais do que isso, "as instituições políticas (…) dependem, para sua existência permanente, de homens em ação, *e sua conservação é obtida pelos mesmos meios que as trouxeram à existência* (…); a total dependência de atos posteriores para mantê-lo em existência caracteriza o Estado como um produto da ação".[22] Sem o poder, que deve ser permanentemente atualizado, "o espaço da aparência produzido pela ação e pelo discurso em público se desvanecerá tão rapidamente como o ato vivo e a palavra viva".[23] O poder é, ademais, a mais aguda resposta política à vicissitude da ilimitabilidade da ação humana, sempre disruptiva, uma vez que se constitui sempre na mesma medida em que estabelece compromissos e ao mesmo tempo limita a capacidade individual de pela ação desafiar todas as fronteiras, assim como amplia a capacidade de cada agente de levar a cabo os empreendimentos visados por suas iniciativas.

Em um breve artigo de 1983, intitulado significativamente "Um caso de comunicação distorcida: uma nota sobre Habermas e Arendt", Margaret Canovan analisa com acuidade a apropriação habermasiana de Arendt como exemplo

---

21 "A promessa é o modo exclusivamente humano de ordenar o futuro, tornando-o previsível e seguro até onde seja humanamente possível." H. Arendt, Desobediência civil, p. 83.
22 *Idem*, O que é liberdade?, p. 200. Grifo meu.
23 *Idem*, *A condição humana*, p. 253.

de um caso especial de comunicação distorcida – não por dominação, repressão, ideologia ou neurose, mas pela vitalidade intelectual como testemunha da capacidade humana para a originalidade,[24] algo que arendtianamente desafia com ironia o ideal habermasiano da comunicação perfeita. Desafortunadamente, todavia, há muito mais elementos a considerar.

Habermas reconhece seu imenso débito para com Arendt, tanto no que diz respeito à reposição da esquecida distinção aristotélica entre práxis e *poiésis* quanto à sua compreensão da centralidade da pluralidade, da teia de relações humanas e da natalidade para a compreensão da ação política.[25] Entretanto, quando se apropria dos conceitos arendtianos, ela acaba por se mostrar, em sua própria terminologia, antiquada ou fora de moda, "aristotélica", nostálgica da *polis* grega e contratualista – seguramente uma caricatura, e nada favorável. A questão mais central talvez seja a de que "Arendt não partilha da crença crucial de Habermas na possibilidade de um consenso racional em questões políticas", pois julga que "quando os homens exercitam sua razão com serenidade e liberdade sobre uma série de questões, inevitavelmente chegam a opiniões diferentes acerca de algumas delas".[26] Arendt jamais supôs que fôssemos capazes de dirimir disputas práticas por meios puramente racionais, ou que a razão pudesse nos redimir da pluralidade. Canovan parece julgar que uma

---

24　A case of distorted communication: a note on Habermas and Arendt, p. 113.

25　Cf. *ibidem*, p. 106 e 107.

26　*Ibidem*, p. 108. Nesse último trecho Canovan reproduz um adágio dos Federalistas, citado com aprovação por Arendt. Cf. *Sobre a revolução*, p. 286.

CAPÍTULO 7 | O CASO DO CONCEITO DE PODER – A ARENDT DE HABERMAS

das razões da incompreensão de Arendt por Habermas se deve à centralidade da posição excessivamente intelectualista desse último, como Arendt se focaria mais propriamente na ação enquanto tal. Ainda que não nos pareça equivocada tal caracterização, parece-nos que o fundamental repousa no próprio conceito de razão prática posto em ato por ambos e, em decorrência, no modo como julgam que se estabelecem os acordos no âmbito político.

A pluralidade, como condição prévia e razão de ser da ação, é constitutiva da vida política, para Arendt. Isso significa que os conflitos práticos não podem ser dirimidos por nenhuma perspectiva racional, idealizada ou não, pois é própria da razão prática a admissão de uma ampla variedade de perspectivas legítimas irredutíveis a uma perspectiva comum, ainda que suscetíveis a um acordo comum.[27] Parte significativa da liberdade humana se atualiza nessa diversidade indirimível de perspectivas. Como nota mais uma vez Canovan,

> as pessoas livres não partilham convicções comuns ou têm uma "vontade comum": talvez em alguma situação ideal de fala eles possam chegar a isso, mas elas certamente não chegariam a isso em qualquer prática política concebível. O que eles podem partilhar não são convicções idênticas no interior de suas mentes individuais, mas um mundo comum de instituições exteriores a elas, sustentadas por suas ações.[28]

---

27 "O debate público pode lidar apenas com coisas que – se quisermos formular negativamente – não podemos calcular com exatidão. Caso contrário, se pudermos calcular com certeza, por que nós todos precisaríamos estar juntos?". H. Arendt, Sobre Hannah Arendt, p. 139.

28 A case of distorted communication: a note on Habermas and Arendt, p. 110 e 111.

O que permite que cheguem a acordos é o pertencimento ao "mesmo espaço público, reconhecem suas regras formais e, portanto, comprometem-se com o atingimento de um compromisso operativo quando discordam".[29] Os contratos ou acordos são necessários porque não há via alternativa aos compromissos mútuos para o estabelecimento de propósitos comuns que tornam possível a ação em concerto que engendra o poder.

Habermas está correto, portanto, quando começa a concluir seu texto afirmando que "na base do poder está o contrato concluído entre sujeitos livres e iguais, graças ao qual as partes se obrigam mutuamente",[30] mas incompreende inteiramente a natureza desse contrato quando afirma que Arendt retrocede à tradição do direito natural.[31] Felizmente, podemos afirmar, beneficiando-nos da perspectiva privilegiada da mirada retrospectiva, que na teoria política contemporânea, ao contrário do que Habermas parecia supor na ocasião em que concebeu essa ambígua homenagem a Arendt, as alternativas para pensar o político não se restringem a um retrocesso ao direito natural, por um lado, e um "avanço" em direção à teoria da ação comunicativa, por outro.

Não posso deixar de assinalar que o debate acerca de se o conceito de ação de Hannah Arendt é comunicativo ou expressivo, habermasiano ou nietzschiano, ainda que iluminador em uns poucos aspectos relevantes, assenta-se sobre

---

29 *Ibidem*, p. 111.

30 O conceito de poder em Hannah Arendt, p. 116.

31 Hanna Pitkin alinha-se a Habermas ao defender que, quando Arendt reflete sobre qual força mantém os cidadãos juntos em geral, sua resposta "é uma tradicional e bastante improvisada invocação da teoria do contrato social". Justice: on relating private and public, p. 337.

CAPÍTULO 7 | O CASO DO CONCEITO DE PODER – A ARENDT DE HABERMAS 173

desvios de perspectiva não muito heuristicamente vigorosos. Dana Villa tem razão, portanto, quando assinala que ele e Bonnie Honig "tenderam a exagerar a dimensão 'agonística' da teoria da ação política de Arendt",[32] exagero proveniente da equiparação, de matriz nietzschiana, entre ação, expressão e agonismo. De modo análogo, julgo ser adequado purgar a compreensão arendtiana da ação de toda assimilação a uma comunicação concertada cujo horizonte regulador ou propósito encontre-se no consenso. As dimensões ditas comunicativas e agonísticas da ação em Arendt não são mutuamente excludentes, mas constitutivas do mesmo fenômeno da ação, compreendido na dimensão dupla da iniciativa do agente e da eventual concertação entre os agentes com vistas a levar a cabo o empreendimento.

Julgo que a consideração de que o agente jamais é autor soberano dos desdobramentos dos seus atos; de que em vista disso deflagramos inúmeros eventos à nossa revelia cujas consequências podem ser desastrosas; que, no âmbito da moral e da política agimos sempre em meio a outros, que eventualmente cooperam conosco, mas tendem a desviar nossos propósitos – tudo isso é razão suficiente para assinalar a natureza fugidia do âmbito político. Isso se dá em grande medida porque "a ação é um 'nós' e não um 'eu'. Apenas onde estou só, se eu fosse o único, eu poderia predizer o que está para acontecer a partir do que estou fazendo. Assim sendo, isso faz parecer como se o que atualmente acontece é inteiramente contingente, e a contingência é realmente um dos maiores fatores em toda a história. Ninguém sabe o que está para acontecer simplesmente

---

32 D. Villa, How "Nietzschean" was Arendt?, p. 398.

porque isso depende muito de uma enorme quantidade de variáveis; em outras palavras, do simples acaso (*hasard*)".[33]

Seguramente, por um lado, a política se mostra sempre agonística, do ponto de vista do agente que por sua ação se afirma singular e excelente em meio a outros; por outro, também é certo que do ponto de vista daquele que deseja e tem de se associar a outros para constituir poder e levar a cabo empreendimentos comuns, a política se mostra irredutivelmente comunicativa. Ocorre, em todo caso, que, dada a própria natureza da ação humana – ilimitada, irreversível, imprevisível, ambígua, disruptiva –, a política talvez seja mais adequada e amplamente compreendida a partir de uma perspectiva trágica, como caracterizada, a partir de Aristóteles, por autores como Pierre Aubenque, Martha Nussbaum, Jacques Taminiaux, dentre outros, e a própria Hannah Arendt, a indicar a fragilidade da práxis e do juízo sobre ela (seja o do espectador judicante, seja o daquele que se põe a dialogar com seus pares, seja o daquele que busca se orientar na própria ação, ainda que precariamente).[34] Seguramente as incompreensões examinadas não exaurem o vigor da apropriação habermasiana para a abertura de novas perspectivas de interpretação da obra arendtiana e da própria obra de Habermas. Todavia, essa perspectiva que nomeei trágica e a "razão" que lhe corresponde parecem inteiramente exóticas a Habermas e pode explicar boa parte das dificuldades com sua leitura da obra arendtiana, apesar de sua reiterada filiação a ela.

---

33 H. Arendt, The last interview (by Roger Errera), p. 118.

34 Examinei em linhas gerais essa perspectiva no texto "Sobre o trágico na ação: Arendt (e Nietzsche)", constante na bibliografia.

8

REVOLUÇÃO, PARTICIPAÇÃO E DIREITOS

As cadeias da necessidade não precisam ser de ferro: podem ser feitas de seda.[1]

Hannah Arendt

Logo no início do sexto capítulo de *Sobre a revolução*, intitulado "A tradição revolucionária e seu tesouro perdido", Arendt afirma que a liberdade política só pode significar a efetiva participação no governo. Para os familiarizados com a obra arendtiana, ainda que superficialmente, a associação entre liberdade e ação, assim como aquela entre poder e agir em conjunto chega a ser um truísmo. No que se segue pretendo reconstruir o pano de fundo dessa asserção, notadamente a partir do exame dos vínculos entre liberdade, engajamento e participação.

Como sói acontecer com as obras de Arendt, as dificuldades com *Sobre a revolução* não são negligenciáveis: a oposição que chega às raias da caricatura entre as revoluções americana e francesa; a questão social como causa da derrota da revolução e a compreensão da pobreza como uma questão administrativa; a interpretação de Marx, "o maior teórico das revoluções de todos os tempos". Para ela o lugar

---

1 H. Arendt, *Sobre a revolução*, 186.

de Marx "na história da liberdade humana sempre será ambíguo", por ter sido "quem mais fortaleceu a doutrina mais perniciosa dos tempos modernos, a saber, que a vida é o bem supremo",[2] na medida em que teria contribuído para deslocar o objetivo da revolução da liberdade para a abundância – embora ela mesma indique que nas condições em que ele pensou não era possível desviar os olhos da miséria e da infelicidade humanas. Essa apropriação é possivelmente muito menos generosa que a já polêmica de *A condição humana*, na qual ela remonta a prevalência moderna da vida como bem supremo ao sensualismo utilitarista que estaria na base do utilitarismo mais rasteiro a sustentar a concepção liberal de homem.

A relação de Arendt com Marx – em quem censura com acuidade a frequente confusão de política com economia e de quem parece ter relutado assimilar a relação promíscua constitutiva entre Estado e capitalismo – ainda é uma questão obviamente não resolvida, a despeito de ser uma via privilegiada para a compreensão e interpretação arendtiana da modernidade. Concordo com Albrecht Wellmer, entretanto, quando ele indica que sua crítica à tradição liberal-democrática e "às democracias liberal e social das modernas sociedades industriais parecem mais provocadoras do ponto de vista do presente".[3] Nesse capítulo focarei a atenção na oposição arendtiana à compreensão liberal de liberdade, e mesmo que muitos notáveis intérpretes falem de "revoluções democráticas arendtianas" – como Jonathan Schell,

---

2 *Ibidem*, p. 130, 94, 97 e 98, respectivamente.

3 Arendt on revolution, p. 220.

CAPÍTULO 8 | REVOLUÇÃO, PARTICIPAÇÃO E DIREITOS 177

na introdução à mais recente edição de *Sobre a revolução* –, deixarei de lado suas esparsas considerações sobre democracia, uma palavra empregada sempre com muita reserva em toda sua obra, ao contrário do termo república.[4] Para Arendt, se considerarmos o que sustentam os Pais Fundadores, a partir do espírito da constituição estadunidense, temos de reconhecer que "é um grande erro se se acredita que o que temos aí é uma democracia, um erro compartilhado por muitos estadunidenses. O que temos aqui é um governo republicano, e os Pais Fundadores estavam muito preocupados em preservar os direitos das minorias porque acreditavam que em um corpo político saudável tem de existir uma pluralidade de opiniões". Trata-se, por assim dizer, de "um governo pela lei e não pelos homens".[5]

O desconforto com a interpretação arendtiana da questão social como razão do fracasso da Revolução Francesa é tão flagrante a tantas sensibilidades que frequentemente dissimula que as análises de Arendt sobre a busca da felicidade no contexto da Revolução Americana desempenham papel análogo na explicação do seu fracasso. Para Arendt, apesar das imensas diferenças entre os acontecimentos e

---

4   Para a insistência de Schell em assimilar os movimentos antiditatoriais dos últimos 40 anos à democracia, à revolução e ao sistema de conselhos em Arendt, conferir a introdução a *Sobre a revolução*, p. 23 e segs. Arendt sublinha que "se quisermos traçar a linha em termos apenas linguísticos, podemos insistir na data relativamente adiantada em que surge a palavra 'democracia', designando o papel e o poder do povo, em oposição à palavra 'república', com sua grande ênfase nas instituições objetivas. E a palavra 'democracia' só veio a ser usada na França em 1794; mesmo a execução do rei se deu aos gritos de *Vive la republique*". *Sobre a revolução*, p. 165.

5   H. Arendt, *The last interview* (by Roger Errera), p. 114 e 112, respectivamente.

convicções dos dois lados do Atlântico, os revolucionários partilhavam o fundamental, isto é, "um interesse apaixonado pela liberdade pública".[6] O que os franceses chamavam de liberdade pública, como tradução da libertação do domínio despótico, os revolucionários estadunidenses já denominariam "felicidade pública", em grande medida por já experimentarem essa liberdade aspirada pelos franceses. Sabiam, portanto, que "não poderiam ser totalmente 'felizes' se sua felicidade se situasse e fosse usufruída apenas na vida privada".[7] Concordavam que a liberdade pública consistia na participação nas atividades ligadas às questões públicas, que tal participação proporcionava "aos que se encarregavam delas um sentimento de felicidade que não encontrariam em nenhum outro lugar" e que "as pessoas iam às assembleias de suas cidades [...] acima de tudo porque gostavam de discutir, de deliberar e de tomar decisões".[8]

Ainda que não tivessem acesso à experiência da liberdade pública, os pensadores do iluminismo que foram em grande medida decisivos no curso da Revolução Francesa se recusaram a compreender a liberdade como um fenômeno da vida interior, como o é o livre-arbítrio, pois "a liberdade para eles só podia existir em público; era uma realidade concreta, terrena, algo criado pelos homens para ser usufruído pelos homens, e não um dom ou uma capacidade; era a

---

6 *Idem, Sobre a revolução*, p. 162.
7 *Ibidem*, p. 173.
8 *Ibidem*, p. 163. Albrecth Wellmer observa, em "Arendt on revolution", p. 238, que "somente onde a liberdade pública é experimentada como uma realidade diária ela pode se tornar um valor comum capaz de adquirir uma força vinculante no processo de tomada de decisão do sistema político".

CAPÍTULO 8 | REVOLUÇÃO, PARTICIPAÇÃO E DIREITOS 179

praça ou espaço público feito pelos homens e a Antiguidade conhecia como a área onde a liberdade aparece e se faz visível a todos".[9]

Ainda que para Arendt a elaboração de constituições tenha se tornado pouco mais que passatempo de especialistas nos desdobramentos da Revolução Francesa, os pensadores das duas revoluções concordavam que "a ideia central da revolução é a fundação da liberdade, isto é, a fundação de um corpo político que garante o espaço onde a liberdade pode aparecer".[10] A imagem esboçada por Arendt da Revolução Americana como vitoriosa, na medida em que culminou na fundação de um novo corpo político, um sistema federal de autogoverno, em contraste com o fracasso da Revolução Francesa na tarefa da fundação, é desafiada pela própria Arendt. Com efeito, ela indica o fracasso da Revolução Americana na segunda tarefa da revolução, além da fundação, isto é, a de "assegurar a sobrevivência daquele espírito de onde brotou o ato fundador, materializar o espírito que o inspirou. [Essa tarefa teria sido] frustrada quase desde o início. E podemos encontrar uma indicação das causas desse malogro na própria expressão 'busca da felicidade'".[11] Na medida em que essa busca da felicidade não teve seu caráter público claramente definido, ela operou desde o início como canal para a confusão entre felicidade pública e bem-estar privado, entre direitos privados e felicidade pública, ou ainda entre a busca do bem-estar e ser participante nos assuntos públicos.

---

9   H. Arendt, *Sobre a revolução*, p. 169.
10 *Ibidem*, p. 170.
11 *Ibidem*, p. 171.

Arendt sustenta que temos o direito de suspeitar que a razão da enorme relutância de Robespierre em pôr fim à revolução era o temor de definhamento do espaço público "depois de ter desabrochado de súbito e inebriado a todos com o vinho da ação, que, aliás, é igual ao vinho da liberdade".[12] Não seria outra a razão de ele aparentemente não manifestar dúvida sobre se preferiria a experiência da felicidade pública ao estabelecimento de um governo constitucional limitado garantidor das liberdades civis, caso este representasse um risco àquela. Para Arendt, os desdobramentos da revolução nos Estados Unidos, após a fundação e os fundadores terem passado a governar, teriam dado razão aos temores de Robespierre, pois com a promulgação da Declaração de Direitos a ambiguidade da "busca da felicidade" logo se desfez e a ênfase "se transferiu da liberdade pública para a liberdade civil, da participação nos assuntos públicos em favor da felicidade pública para a garantia de que a busca da felicidade privada seria protegida e incentivada pelo poder público".[13] Ainda que os revolucionários nutrissem um genuíno amor à liberdade e à felicidade públicas, não puderam, entretanto, impedir que o desfecho mesmo da revolução americana fosse irremediavelmente ambíguo, oscilante acerca de "se o fim do governo era a prosperidade ou a liberdade".[14] A ambiguidade foi progressivamente se desfazendo na medida mesma em que a liberdade foi a cada passo deslocada para a esfera

---

12 *Ibidem*, p. 179.
13 *Ibidem*, p. 181.
14 *Ibidem*, p. 183.

CAPÍTULO 8 | REVOLUÇÃO, PARTICIPAÇÃO E DIREITOS 181

da vida privada e se firmava em oposição ao poder público e a suas reiteradas demandas.

Para Arendt –,

> ainda é a pobreza da Europa que se desforra nas pilhagens com que a prosperidade americana e a sociedade de massas americana ameaçam cada vez mais toda a esfera pública. [Pois] o sonho americano, como os séculos XIX e XX sob o impacto da migração de massa vieram a entender, não era o sonho da Revolução Americana – a fundação da liberdade –, nem o sonho da Revolução Francesa – a libertação do homem; era, infelizmente, o sonho de uma "terra prometida" onde corriam rios de leite e mel.[15]

Seguramente é bastante questionável assimilar, sem mais, efetiva acumulação ilimitada e pobreza. Arendt sustenta, entretanto, em um trecho frequentemente negligenciado, que tudo isso "é apenas outra maneira de dizer que *a questão social interferiu no curso da Revolução americana com o mesmo grau de intensidade*, embora não tão dramática, que teve no curso da Revolução Francesa".[16] A questão social nos EUA aglutina-se na obsessão com a abundância: "nesse sentido, a riqueza e a pobreza são apenas as duas faces da mesma moeda; *as cadeias da necessidade não precisam ser de ferro: podem ser feitas de seda*".[17] Com efeito, "o crescimento econômico algum dia pode se revelar uma maldição,

---

15 *Ibidem*, p. 186.
16 *Ibidem*, p. 184. Grifo meu.
17 *Ibidem*, p. 186. Grifo meu.

e não uma bênção, e *em nenhuma hipótese ele pode levar à liberdade ou constituir prova de sua existência*".[18]

Foi assim negligenciada a advertência de Tocqueville – "quem procura na liberdade outra coisa além dela mesma é feito para servir"[19] – e enfim o homem se impôs ao cidadão. Arendt menciona a indignação do agricultor Crèvecoeur quando tem sua felicidade privada de agricultor perturbada pela guerra e pela revolução ao censurar os homens da revolução por se preocuparem "mais com a independência e a fundação da república do que com os interesses dos agricultores e chefes de família".[20] No parágrafo final do capítulo sobre a busca da felicidade ela retorna a ele e afirma, em conclusão, que

> é difícil negar que Crèvecoeur estava certo ao prever que "o homem se imporá sobre o cidadão, [que] suas máximas políticas desaparecerão", que os que afirmam com toda a seriedade que "a felicidade de minha família é o único objeto de meus desejos" serão aplaudidos praticamente por todos ao dar vazão, em nome da democracia, à sua raiva contra "os grandes personagens que estão tão acima do comum dos homens" que suas aspirações ultrapassam sua felicidade privada, ou quando, em nome do "homem comum e de alguma confusa noção de liberalismo, denunciam como ambição a virtude pública, que certamente não é a virtude do agricultor, e como "aristocratas" aqueles aos quais devem sua liberdade, considerando-os possuídos (como no caso do pobre John Adams) de uma "vaidade colossal".[21]

---

18 *Ibidem*, p. 277. Grifo meu.
19 *Ibidem*, p. 183.
20 *Ibidem*, p. 182.
21 *Ibidem*, p. 187.

CAPÍTULO 8 | REVOLUÇÃO, PARTICIPAÇÃO E DIREITOS

Arendt inicia seu exame da perda do espírito revolucionário, do tesouro perdido da experiência revolucionária, indicando o fracasso das revoluções para assegurar ao menos as garantias constitucionais mínimas de direitos e liberdades civis que são prévias da *constitutio libertatis*. Exorta ainda que

> não podemos de maneira alguma esquecer, em nossas relações com outras nações e seus respectivos governos, que a distância entre a tirania e o governo constitucional limitado é tão grande ou talvez ainda maior que a distância entre o governo limitado e a liberdade. Mas tais considerações, por mais que se apliquem à prática, não devem nos induzir ao erro de confundir direitos civis com liberdade política, nem de pensar que essas preliminares do governo civilizado equivalem à substância efetiva de uma república livre. Pois ou a liberdade política, em termos gerais, significa o direito de participar no governo ou não significa coisa alguma.[22]

A isso subjaz a convicção de que é a própria participação que forma para a participação, e de que nenhuma república verdadeira pode restringir-se à mera administração das coisas ou ao provimento de bem-estar social. Não podemos falar de política quando a liberdade não é compreendida

---

22 *Ibidem*, p. 278. "O apelo do individualismo liberal aos direitos ignora sua fundação política" – como bem assinala Dick Howard, em Keeping the republic: reading Arendt's *On revolution* after the fall of the Berlin Wall, p. 280. "A oposição entre *liberty* (liberdades civis) e *freedom* (agir livremente) corresponde à interpretação arendtiana da distinção entre liberdades negativas e o conteúdo positivo da liberdade, que é a participação nos assuntos públicos." E. Tassin, "'... *sed victa Catoni*': the defeated cause of revolutions", p. 1.119.

como efetivo engajamento e participação potencial de todo membro da comunidade política nas atividades de governo. Já em 1973, tendo em conta menos a relação com outros países que o impacto interno da "doutrina de segurança nacional" e sua ameaça aos direitos políticos, à época do escândalo *Watergate*, Arendt indica que essa doutrina importou para o contexto americano a figura da *raison d'état*, que até então lhe era estranha. O presidente fora tornado "um monarca em uma república"[23] pela doutrina de segurança nacional, a justificar todo tipo de crime – sendo notório o apoio a regimes ditatoriais ao redor do mundo, incluindo o nosso próprio redor, mobilizado pelo medo das revoluções, um medo esquecido de que a república estadunidense começara com uma. Para Arendt, "o medo das revoluções foi o *leitmotiv* oculto da política externa americana do pósguerra em suas tentativas desesperadas de estabilizar o *status quo*, resultando no uso e no abuso do poder e do prestígio dos Estados Unidos da América para apoiar regimes obsoletos e corrompidos que há muito se tinham tornado objeto de ódio e de desprezo entre os seus próprios cidadãos".[24] Os desdobramentos provocados pela doutrina de segurança nacional dos últimos 15 anos nos Estados Unidos da América deram póstuma razão a Arendt em sua preocupação com as implicações da doutrina da razão de Estado no solapamento das bases da república estadunidense. Um propósito claro de *Sobre a revolução* é indicar aos próprios estadunidenses que sua república teve origem em uma revolução.

---

23 H. Arendt, The last interview (by Roger Errera), p. 115.
24 *Idem, Sobre a revolução*, p. 276.

CAPÍTULO 8 | REVOLUÇÃO, PARTICIPAÇÃO E DIREITOS

Ao examinar o fenômeno revolucionário como ele se deu nos Estados Unidos e na França, Hannah Arendt manteve um particular interesse pela relação entre as declarações dos direitos do homem e a ancoragem da legitimidade dos corpos políticos recém-fundados. Para ela, "o fundamental para qualquer compreensão das revoluções na era moderna é a convergência entre a ideia de liberdade e a experiência de um novo início".[25] Nisso reside seu vigor, mas também sua específica aporia. Vigor porque seu impulso brotou do desejo de ruptura com vistas à constituição da liberdade, a inaugurar uma época inteiramente nova; aporia porque o preenchimento do fosso entre a libertação dos grilhões da dominação e a fundação de uma liberdade positiva demandava solo mais sólido que o da ruptura.

A própria noção de liberdade tinha seus contornos difusos no âmbito da revolução, uma vez que se, por um lado, as demandas por liberação ou emancipação eram prevalentes, por circunstâncias históricas nas quais a liberdade era inviável sem libertação, de outro o espaço que restava para a concepção de uma liberdade propriamente política era engolfado pela compreensão moderna de que a liberdade equivale à restauração da igualdade natural que é a fonte de legitimação das demandas por proteção contra a política, com vistas ao alcance dos interesses privados naturalmente assentados. Assim, ao contrário dos gregos – e Arendt assinala que "a liberdade como fenômeno político nasceu com as cidades-Estado gregas"[26] – que compreendiam que

---

25 *Ibidem*, p. 57.
26 *Ibidem*, p. 58.

"a vida de um homem livre exigia a presença de outros [e que] a própria liberdade exigia, portanto, um lugar onde as pessoas pudessem se reunir – a ágora, a praça ou a *polis*, o espaço político propriamente dito",[27] na modernidade a conquista da liberação de uma soberania opressiva acabou por implicar que a conquista da liberdade fosse finalmente compreendida como uma liberdade em relação à política e não como o direito a tomar parte nela. Para Arendt, essas dificuldades provinham do fato de que as revoluções modernas tomaram a seu cargo tanto a libertação quanto a liberdade, e como a libertação é uma condição de liberdade "frequentemente fica muito difícil dizer onde termina o simples desejo de libertação, de estar livre da opressão, e onde começa o desejo de liberdade como um modo político de vida",[28] que exigia a fundação de uma república.

A posição mais geral de Hannah Arendt concerne mais propriamente à Revolução Francesa que à Americana, embora de algum modo abranja ambas. Para a autora, enquanto na Revolução Americana, na ocasião da instauração do novo governo republicano pós-revolucionário, houve uma profunda preocupação com "a aplicação e a elaboração da teoria de Montesquieu acerca de uma divisão de poderes no interior do corpo político",[29] na Europa a preocupação com a soberania nacional, com "a majestade do domínio público", fez com a busca por uma fonte inquestionável de legitimação se fizesse mais urgente. Ademais, e tão importante quanto,

---

27 *Ibidem*, p. 59.
28 *Ibidem*, p. 61.
29 *Ibidem*, p. 24.

CAPÍTULO 8 | REVOLUÇÃO, PARTICIPAÇÃO E DIREITOS 187

na Europa a questão social, o agudo problema da pobreza geral das massas, desempenhou um papel tão prevalente que as questões concernentes à sobrevivência acabaram por tragar os propósitos de instituição política da liberdade traduzida no direito de tomar parte nas decisões sobre os assuntos públicos.

Tal contexto, no qual são elaboradas as declarações de direitos associadas às conquistas mais elementares das revoluções, acabou por afetar as próprias declarações. Tanto na França como nos Estados Unidos as declarações foram mobilizadas pelo interesse em salvaguardar os cidadãos das pretensões de dominação por parte dos soberanos e dos governos em geral. Não obstante, para Arendt, enquanto nos Estados Unidos a declaração de direitos emendada à constituição conservou-se como expediente de limitação do poder público na relação com os indivíduos privados, na França a necessidade de encontrar um fundamento seguro para uma soberania ilimitada – em uma esfera pré-política, portanto – acabou por transfigurar a declaração de direitos de limitação do poder político em fundamento último de ancoragem da legitimidade do novo corpo político. As implicações de tal transfiguração não podem ser menosprezadas.

O problema é que quando Edmund Burke reclamou a legitimidade dos direitos históricos dos ingleses frente aos direitos humanos – defendidos por Thomas Paine, por exemplo – não encontrou um adversário, nem mesmo em Paine, capaz de retroceder a Declaração dos Direitos do Homem a um período histórico no qual tivessem sido reconhecidos como legítimos, e ambos sabiam que a inovação absoluta era, juridicamente, "um argumento contra e não a favor da autenticidade e legitimidade de tais direitos". Com efeito, "os direitos políticos inalienáveis de todos os homens em virtude do nascimento se afigurariam a todas as épocas anteriores à nossa, como se afigurou a Burke – uma contradição nos termos. E é interessante notar que a palavra latina *homo*, equivalente a 'homem', significava originariamente alguém que não era senão um homem e, portanto, uma pessoa sem direitos, um escravo".[30] Para Arendt, se considerarmos as múltiplas perplexidades dos direitos do Homem, as objeções de Burke não podem ser descartadas como reacionárias ou obsoletas.

De acordo com Hannah Arendt, quando a questão social da pobreza das massas apoderou-se da Revolução, "iniciada com a rebelião estritamente política do Terceiro Estado", a reivindicar sua admissão e seu protagonismo no domínio político, "os homens da revolução não estavam mais preocupados com a emancipação dos cidadãos nem com a igualdade, no sentido de todos terem igual direito à sua personalidade jurídica, de serem protegidos por ela e, ao mesmo tempo, de agirem quase literalmente 'por meio' dela".[31] Os romanos recorreram à *persona*, a máscara do teatro, para dela extrair a metáfora na qual se articula o fundamental da condição do cidadão como pessoa jurídica: o artifício de adicionar à sua mera condição natural uma máscara, ao mesmo tempo protetora de sua integridade e

---

30 *Ibidem*, p. 76.
31 *Ibidem*, p. 150.

CAPÍTULO 8 | REVOLUÇÃO, PARTICIPAÇÃO E DIREITOS

via da manifestação de seus propósitos – a máscara da personalidade jurídica.

Os homens da Revolução Francesa, prossegue Arendt, "acreditavam que haviam emancipado a própria natureza, por assim dizer, libertado o homem natural em todos os homens, e lhe dado os Direitos do Homem que cabiam a cada um, não em virtude do corpo político a que pertencia, mas pelo fato de ter nascido",[32] cuja implicação fundamental foi a equalização de todos na condição de desprotegidos pela máscara da personalidade jurídica. Assim, diz ela,

> distintamente da Declaração de Direitos americana, que serviu de modelo para a Declaração dos Direitos do Homem, essa pretendia enunciar os direitos positivos fundamentais, inerentes à natureza do homem e distintos de seu estatuto político, e assim *tentava de fato reduzir a política à natureza*. A Declaração dos Direitos, ao contrário, pretendia instituir formas de controle permanentes a todo poder político, e, portanto, pressupunha a existência de um corpo político e o funcionamento de um poder político. A Declaração Francesa dos Direitos do Homem, como veio a ser entendida pela revolução, pretendia constituir a fonte de todo poder político e estabelecer não o controle, mas a pedra fundamental do corpo político. O novo corpo político deveria se erguer sobre os direitos naturais do homem, sobre seus direitos como simples ser natural, sobre seu direito a "alimento, roupa e reprodução da espécie", isto é, sobre seu direito a atender as necessidades vitais. E esses direitos eram entendidos não como direitos pré-políticos, que nenhum governo e nenhum poder político tem o direito de tocar ou violar, e, sim, como

---

32 *Ibidem.*

o próprio conteúdo e fim último do governo e do poder. O *ancien régime* foi acusado de ter privado seus súditos desses direitos – os direitos da vida e da natureza, e não os direitos de liberdade e cidadania.[33]

A falência da compreensão dos direitos humanos como naturais veio a lume apenas no período entreguerras, com o declínio do Estado-nação europeu e o decorrente surgimento de uma miríade de minorias, refugiados e apátridas que se dispersaram no continente europeu. Infelizmente descobriu-se muito tardiamente que *a natureza não legisla* – que "o ser humano, o homem puro em si, aquele que não tem lugar na ordem política do Estado-nação, longe de ser sacralizado aparece como destinado à morte, 'apto a ser morto', pois o único 'substituto concreto de um país natal inexistente é o campo de concentração'".[34]

Arendt investia contra a despolitização dos direitos fundamentais afirmando que o direito humano fundamental é o "de cada indivíduo pertencer à humanidade",[35] algo que deveria ser assegurado pela própria humanidade. Com efeito, insiste, "só conseguimos perceber a existência de um direito a ter direitos (e isto significa viver em uma estrutura onde se é julgado pelas ações e opiniões) e de um direito de pertencer a algum tipo de comunidade organizada quando surgiram milhões de pessoas que haviam perdido esses direitos e não podiam recuperá-los devido à nova situação

---

33 *Ibidem*, p. 150-151. Grifo meu.
34 S. Courtine-Denamy, *O cuidado com o mundo*, p. 48.
35 H. Arendt, *As origens do totalitarismo*, p. 332.

política global".[36] A formulação *direito a ter direitos* permanecerá desafortunadamente contraproducente se operar como um mero mote. O significado subjacente a esse direito fundamental mais remoto traduz-se no direito de ser julgado não pelo que naturalmente se é, mas pelo que se fala e se faz – em suma, o direito de todo indivíduo humano de ser julgado por suas palavras e ações em uma dada comunidade política da qual ele mesmo participa.

Chegamos como estrangeiros e somos constitutivamente estrangeiros no mundo, enquanto não nos decidimos a agir, pois chegamos de alguma parte a um mundo que nos precede e que possivelmente nos sucederá quando o deixarmos. Não apenas os filósofos, como queria Aristóteles, mas todos vivemos em alguma medida um *bíos xenikos*, o modo de vida do estrangeiro. Aquele que não se decide a agir, a nascer de novo para o mundo, depois de haver nascido para a Terra, porta consigo, por seu nascimento, uma pergunta sem resposta sobre seu *quem*, sobre se tem apreço pela promessa de novidade que é gêmea de todo indivíduo (sem exceção de Hobbes, que dizia ser gêmeo do medo). O caso dos apátridas, o ponto cego dos direitos humanos ditos naturais, não é, entretanto, o de quem não se decidiu a agir, mas o de quem não pôde agir e assim afirmar, junto a seus pares, o mundo e uma parte específica dele como sua casa. Em vista disso, talvez a tradução mais adequada do direito a ter direitos, como Arendt o compreende, é o direito de não ser tornado irrevogavelmente um estrangeiro no mundo, o direito a torná-lo um lar, a

---

36 *Ibidem*, p. 330.

constituir o mundo e combater a própria mortalidade com o fulgor de seus discursos e suas ações.

Que Arendt tenha intitulado "Tiro pela culatra" [*Home to roost*] seu último texto publicado (de 1975, concebido pouco antes de sua morte e editado em *Responsabilidade e julgamento*), sobre o bicentenário da revolução americana, talvez seja um índice da confirmação de seu temor de que prevalecesse a omissão estadunidense "em lembrar que foi uma revolução que deu origem aos Estados Unidos e que a república nasceu não por 'necessidade histórica' nem por um desenvolvimento orgânico, e, sim, por um ato deliberado: a fundação da liberdade".[37] Escrito à época do Watergate e da derrota no Vietnã, o texto revela a preocupação de Arendt com a ameaça real às instituições americanas da liberdade. Em *Sobre a revolução* ela insiste em que

> as noções revolucionárias de felicidade *pública* e liberdade *política* nunca desapareceram totalmente do cenário americano; tornaram-se parte da própria estrutura do corpo político da república. *Se essa estrutura tem uma base sólida capaz de resistir às palhaçadas frívolas de uma sociedade interessada no enriquecimento e no consumo [...] é algo que só o futuro pode dizer.* Atualmente, os sinais que justificam a esperança empatam com os sinais que inspiram medo.[38]

No texto de 1975 Arendt julgava que a ameaça às instituições da liberdade resultava em grande medida da dissolução da ambivalência na compreensão estadunidense da

---

37 *Idem, Sobre a revolução*, p. 276.
38 *Ibidem*, p. 184 e 185. Grifo meu.

CAPÍTULO 8 | REVOLUÇÃO, PARTICIPAÇÃO E DIREITOS

felicidade, com a noção de felicidade pública na iminência da dissolução com a prevalência da frivolidade do consumo e a sobredeterminação da cena política "pelos hábitos e prescrições do que é eufemisticamente chamado de relações públicas, isto é, pelo 'bom senso' de Madison Avenue. É o critério dos funcionários de uma sociedade de consumo que anunciam seus produtos ao público, cuja grande maioria gasta muito mais tempo consumindo as mercadorias do que se leva para produzi-las".[39] Em tal sociedade, ao desejo de segurança sempre sobrepujará o de felicidade pública. E se Arendt faleceu acreditando que as gloriosas instituições americanas da liberdade poderiam ter encontrado seu fim, dada a coordenação da vida política pelas "relações públicas", certamente teria seus temores reforçados pelo que sucedeu os ataques de 11 de setembro de 2001.[40] Ela já antecipara em uma carta, em 1967, sobre o impacto da Guerra do Vietnã, que

> o único elemento de consolo é que a agitação no país é crescente e que o governo não pode fazer nada a respeito, se não quiser atingir os fundamentos da república... Pode bem ser que estejamos na iminência de um novo desenvolvimento imperialista – não necessariamente totalitário; o que é certo é que a república dos EUA não sobreviverá a isso, isto é, refiro-me à república como forma de governo, não ao próprio país. Exatamente agora o país se encontra sob grave ameaça, mas isso não me importa tanto. Minha lealdade vincula-se a esta

---

39 *Idem*, Tiro pela culatra, p. 331 e 332.
40 Cf. Dick Howard, Keeping the republic: reading Arendt's *On revolution* after the fall of the Berlin Wall, p. 277 e segs.

república – não ao país – mas mais concretamente às pessoas, entre as quais, agora que é tudo ou nada, me sinto melhor do que nunca.[41]

Mais de 50 anos depois de *Sobre a revolução* é difícil duvidar de que a esperança venha sendo muito frequentemente vencida pelo medo – ainda que teime em sobreviver, mesmo como causa derrotada, como a que agradava a Catão e a muitos como ele. A causa derrotada é a da política mesma, que é reiteradamente combatida também por ser constantemente reposta. Etienne Tassin insiste apropriadamente que

> ao colocar a frase de Luciano (*Pharsalia*, I, 128) como uma epígrafe de suas futuras reflexões sobre o juízo Hannah Arendt insinua que o juízo tem de honrar os derrotados, as vítimas da história, e salvá-los do esquecimento. Mas a frase não diz respeito apenas ao exercício do juízo: também nos convida a reconsiderar o significado das ações (...). Compreendida do ponto de vista de Catão de Utica a causa derrotada é então não mais uma fracasso. Há algo ainda em jogo na luta revolucionária que não pode ser avaliada do ponto de vista de um juízo instrumental e que abriga um tesouro político. É este significado político da ação revolucionária – o tesouro perdido que também agradava a Catão – que gostaria de evocar, distanciado de explanações históricas que raciocina em termos de sucesso e de fracasso.[42]

---

41 H. Arendt e H. J. Benedict, Revolution, violence, and power: a correspondence, p. 304.

42 "... *sed victa Catoni*": the defeated cause of revolutions, p. 1.109 e 1.110. Ele prossegue adiante, na p. 114: "se quisermos *compreender* a revolução temos de renunciar à pretensão de *explicar* seu sucesso ou seu fracasso".

CAPÍTULO 8 | REVOLUÇÃO, PARTICIPAÇÃO E DIREITOS

Arendt jamais duvidou da capacidade para a resistência à opressão, a ruptura com a dominação política e a fundação de um espaço político para a liberdade, notadamente pelas várias experiências revolucionárias e de contestação política desde as primeiras revoluções modernas. Os movimentos recentes em várias partes do mundo em grande medida reverberam a convicção arendtiana de que a paixão pela liberdade e pela felicidade públicas pode ainda inspirar o engajamento político para além das demandas estritamente econômicas e sociais, ainda que frequentemente provenham delas.

Epílogo

SISTEMA DE CONSELHOS: UMA NOVA FORMA DE GOVERNO?

Ou a liberdade política, em termos gerais, significa o direito de participar no governo ou não significa coisa alguma.[1]

Hannah Arendt

Arendt observa que podemos avaliar a mundanidade ou o amor ao mundo dos homens em qualquer época pelo "grau em que a preocupação pelo futuro do mundo prevalece, no espírito dos homens, sobre a preocupação com o destino no além".[2] Para Thomas Jefferson o que pode corromper as bases da república é justamente a possibilidade de ascensão à participação política apenas na condição de indivíduo privado. Nas palavras de Arendt, "o que ele viu como um perigo mortal para a república foi que a Constituição dera todo o poder aos cidadãos sem lhes dar a oportunidade de *ser* republicanos e de *agir* como cidadãos. Em outras palavras, o perigo era que todo o poder fora dado ao povo em sua qualidade privada e não se estabelecera um

---

1   H. Arendt, *Sobre a revolução*, p. 278.
2   *Ibidem*, p. 292. Para o conceito de amor ao mundo (*amor mundi*) em Arendt, consultar Vanessa S. Almeida, *Educação em Hannah Arendt*, p. 80 e segs.

espaço para o povo em sua qualidade de cidadania".[3] Jefferson considerava que, quando não houvesse "um só homem no Estado que não seja membro de um de seus conselhos, grande ou pequeno, ele preferirá que lhe arranquem o coração do corpo a ter seu poder arrebatado por um César ou um Bonaparte".[4] Assim como não podemos amar ao próximo como a nós mesmos se ele permanecer distante, não é possível amar mais a própria comunidade política que a nós mesmos se ela não for uma presença viva entre nós.

Está ainda em jogo a sentença de Maquiavel, de que amava mais Florença que a salvação de sua alma. Quando a examina em *Sobre a revolução* e se revela então decididamente moderna, Arendt a interpreta como se segue:

> nós, que já não temos como certa a imortalidade da alma, tendemos a não prestar atenção à pungência do credo de Maquiavel. No tempo em que ele escreveu, a expressão não era uma frase feita, mas significava literalmente que se estava preparado para ser privado do direito à vida eterna ou para correr o risco de ser punido com o inferno por amor à própria cidade. A questão, como Maquiavel a viu, não era se se amava mais a Deus do que o mundo, mas se se seria capaz de amar mais o mundo do que a si próprio. *E, de fato, essa decisão foi sempre a decisão crucial para todos os que dedicaram sua vida à política.*[5]

---

3 H. Arendt, *Sobre a revolução*, p. 318. Grifos no original.
4 *Ibidem*, p. 319.
5 *Ibidem*, p. 355, nota 20. Grifo meu (cf. Celso Lafer, A política e a condição humana, p. 349 e 350).

Não era outra a razão de Arendt considerar Maquiavel "o pai espiritual da revolução"[6] e o arauto moderno da dignidade da política.

A despeito de ser com alguma razão frequentemente associada, notadamente por marxistas e liberais, a uma insensibilidade para a relevância política das questões sociais e a uma separação abstrata entre economia e política, Arendt sempre sustentou, por exemplo, as diversas sociedades populares constituídas no decurso da Revolução Francesa, ainda que se constituíssem como grupos de pressão a canalizar para o âmbito político as necessidades prementes dos miseráveis (com o risco notável de subjugação da liberdade e da felicidade públicas aos ditames urgentes do processo vital), traziam também "os germes, os primeiros débeis inícios de um novo tipo de organização política, de um sistema que permitiria ao povo se tornar 'participante no governo'".[7] Ainda que o assalto furioso da miséria, decorrente da canalização "das forças devastadoras do infortúnio e da miséria"[8] para combater a tirania e a opressão, frequentemente conduzam à bancarrota também as demandas por liberdade pública, é inegável que

> enquanto a revolução dava aos homens em posição de destaque uma aula de felicidade, evidentemente também ensinava ao povo uma lição inicial sobre "a noção e o gosto da liberdade pública". Desenvolveu-se nas seções e nas sociedades uma enorme disposição para o debate, a instrução, o mútuo escla-

---

6 *Ibidem*, p. 66.
7 *Ibidem*, p. 308 e 309.
8 *Ibidem*, p. 154.

recimento e troca de opiniões, mesmo que não tenham exercido uma influência imediata sobre os homens no poder.[9]

Ainda que caricaturalmente a obra *Sobre a revolução* tenha sido recebida como a defesa da vitória da Revolução Americana ante o fracasso da Revolução Francesa – em parte devido ao estilo frequentemente enfático de Arendt, em parte por conta da opressiva ausência de matizes entre o preto e o branco na época em que a obra foi publicada – no centro da obra encontra-se a perda do espírito revolucionário ou o fracasso das revoluções para consolidar como forma de governo "o surgimento e ressurgimento metódico do sistema de conselhos desde a Revolução Francesa",[10] brotando "independente de todas as teorias revolucionárias precedentes, diretamente do curso da própria revolução, isto é, das experiências de ação da resultante vontade dos atores de participar nos desdobramentos ulteriores dos assuntos públicos":[11] na Comuna de Paris (1871), nas Revoluções Russas (1905 e 1917), na Alemanha em 1918 e 1919 e na Revolução Húngara, para permanecer no âmbito dos exemplos mencionados por Arendt. Essa caricatura de uma revolução vitoriosa ante uma derrotada – cujos traços vulgares foram amplificados pela resenha de 1966 de Jürgen Habermas da obra *Sobre a revolução*, reunida em *Perfis filosófico-políticos*[12] – escamoteou a principal conclusão de Arendt: a de que o reiteradamente derrotado das revoluções tem sido o espírito revolucionário

---

9 *Ibidem*, p. 309.
10 *Ibidem*, p. 328.
11 *Idem*, Reflexões sobre política e revolução, p. 199.
12 Habermas, *Philosophisch-politische Profile*, p. 223 e segs.

cristalizado no sistema de conselhos ou a oportunidade de salvar a república ao "salvar o espírito revolucionário por meio da república".[13]

No caso da Revolução Americana, "a falha do pensamento pós-revolucionário em lembrar o espírito revolucionário e entende-lo conceitualmente foi precedida pela falha da revolução em lhe fornecer uma instituição duradoura".[14] Como o objetivo da revolução era a fundação de um novo corpo político duradouro, acabou por se materializar na constituição americana a convicção, compartilhada por outros revolucionários profissionais que a sucederam, de que "não existe ameaça mais perigosa e mais aguda contra as próprias realizações da revolução do que o espírito que as empreendeu",[15] como se a liberdade de agir fosse o contraditório preço a pagar pela fundação ou como se não fosse possível fundar uma comunidade política a partir da reificação de um espaço no qual a liberdade política, materializada na participação ativa dos cidadãos, pudesse se manifestar. É como se a revolução tivesse dado liberdade ao povo ao mesmo tempo em que lhe negou um espaço no qual pudesse exercê-la, na medida em que "fornecia espaço público apenas para os representantes do povo, e não para o próprio povo".[16]

O êxito da Revolução Americana na fundação de uma comunidade política nova e duradoura traduziu-se em uma

---

13 H. Arendt, *Sobre a revolução*, p. 315.
14 *Ibidem*, p. 294.
15 *Ibidem*.
16 *Ibidem*, p. 301. Cf. p. 297.

vitória de Pirro devido à "omissão fatídica da Constituição, deixando de incorporar e devidamente constituir ou refundar as fontes originais de seu poder e felicidade pública",[17] fundamentalmente as assembleias municipais onde teve origem a atividade política no país, de modo que é como se a própria Constituição houvesse espoliado o espírito revolucionário de sua fonte mais vigorosa. Para Arendt, não era outra a razão da quase obsessão de Thomas Jefferson com o sistema distrital como uma nova forma de governo, pois

> se o fim último da revolução era a liberdade e a constituição de um espaço público onde a liberdade fizesse sua aparição, a *constitutio libertatis*, então as repúblicas elementares dos distritos, único local tangível onde cada um podia ser livre, efetivamente constituíam a finalidade da grande república, cujo principal propósito nos assuntos internos deveria consistir em oferecer ao povo esses locais de liberdade e protegê-los adequadamente.[18]

No caso da Revolução Francesa, Robespierre tinha como evidente, antes de ascender ao poder, que as associações ou sociedades populares, enquanto "a primeira manifestação de liberdade e de espírito público",[19] que se alastraram como sociedades revolucionárias por toda a França, eram as verdadeiras fundações da liberdade sobre as quais deveria ser erguida a Constituição – o que não é posto em questão por sua mudança de posição ao assumir o poder. Para Arendt,

---

17 *Ibidem*, p. 302.
18 *Ibidem*, p. 320.
19 *Ibidem*, p. 305.

EPÍLOGO | SISTEMA DE CONSELHOS: UMA NOVA FORMA DE GOVERNO? 203

são várias as razões para que os sistemas de conselhos, que desempenharam papel decisivo nas revoluções, não tenham ainda se convertido em uma nova forma de governo consolidada: o falso antagonismo entre representação e participação; o eventual conflito dos conselhos com a busca por estabilidade; a obsessão com a questão social e o correspondente descuido com questões de Estado e governo; a aberta contestação do sistema partidário; a interpretação da felicidade pública em termos de bem-estar privado ou social.

É particularmente esclarecedora, para nossos propósitos, a oposição entre o sistema de conselhos e o sistema partidário. Que os conselhos tenham sido compreendidos como organizações transitórias a serem suplantadas junto com o próprio processo revolucionário apenas atesta a vitória do sistema dos partidos. Para Arendt, "os conselhos desejavam explicitamente a participação direta de todos os cidadãos nos assuntos públicos do país",[20] e se tal pretensão era vista como um sonho romântico pelos que se consideravam realistas ao indicar a impossibilidade de "o povo conduzir diretamente os assuntos públicos nas condições modernas", isso se devia ao fato de esses ditos realistas se respaldarem no sistema partidário como única alternativa. Com efeito, ignoravam deliberadamente que "os conselhos sempre foram órgãos não só de ação, mas também de ordem, e de fato era a aspiração deles por implantar a nova ordem que gerava conflito com os grupos de revolucionários profissionais, que queriam rebaixá-los a meros órgãos executivos da

---

20 *Ibidem*, p. 329.

atividade revolucionária".[21] Para Arendt, pretensão dos conselhos à permanência não traduzia o propósito de instalar uma revolução permanente, mas instaurar uma verdadeira república na qual a participação efetiva de cada membro da comunidade política fosse não apenas possível, mas em grande medida demandada. Para ela,

> o que mais afastava os conselhos dos partidos eram precisamente os programas partidários, pois esses programas, por mais revolucionários que fossem, eram todos "fórmulas prontas" que não requeriam ação, mas apenas execução (...). Em outras palavras, os conselhos fatalmente se tornariam supérfluos caso prevalecesse o espírito do partido revolucionário. Sempre que o conhecer e o agir se separam, perde-se o espaço de liberdade.[22]

Quando indagada sobre que alternativas vislumbra ao Estado-nação, pós-soberano, Arendt defende que temos de conceber uma nova forma de Estado, cujas bases elementares podem ser encontradas, em primeira instância, no sistema federalista, com sua provada capacidade de equilibrar horizontalmente as várias fontes de poder, inclusive entre as nações, mas principalmente no sistema de conselhos que é um seu correlato. O tesouro perdido ou submerso das revoluções foi justamente a conversão de seus ímpetos e modos de interação em uma forma inteiramente nova de governo, sempre derrotados pelas burocracias estatais e máquinas partidárias. Comentando a Revolução Húngara ela afirma

---

21 *Ibidem.*
22 *Ibidem*, p. 330 e 331.

EPÍLOGO | SISTEMA DE CONSELHOS: UMA NOVA FORMA DE GOVERNO? **205**

que "o surgimento dos conselhos, e não a restauração dos partidos, foi o sinal claro de uma verdadeira explosão de democracia contra a ditadura, de liberdade contra a tirania".[23] Ela tem sempre em mente a experiência estadunidense de fundação, consoante a qual a constituição é convertida em um documento quase sagrado por recordar o próprio ato de fundação. Esses sistemas, que surgiram espontaneamente em decorrência das modernas revoluções, parecem emanar da própria experiência da ação política. A mensagem dos conselhos é: "queremos participar, queremos debater, queremos que nossas vozes sejam ouvidas em público, e queremos ter uma possibilidade de determinar o curso político de nosso país. Já que o país é grande demais para que todos nós nos unamos para determinar nosso destino, precisamos de certo número de espaços públicos dentro dele".[24]

Em *Sobre a revolução*, pouco tempo antes, ela já indicara que

> na medida em que o maior acontecimento em toda revolução é o ato de fundação, o espírito da revolução contém dois elementos que nos parecem irreconciliáveis, e até contraditórios. O ato de fundar o novo corpo político, de conceber a nova forma de governo, supõe uma séria preocupação com a

---

23 *Idem*, Totalitarian imperialism: reflections on the Hungarian Revolution, p. 32. A análise de Arendt insiste em três aspectos notáveis da insurreição húngara: "1. a ação espontânea coletiva; 2. a rejeição de toda forma preestabelecida de organização dos agentes em uma estrutura partidária; 3. um único motivo para a ação, 'o desejo de liberdade', que é como uma chave para toda ação política". E. Tassin, "... *sed victa Catoni*": the defeated cause of revolutions, p. 1.116.

24 H. Arendt, Reflexões sobre política e revolução, p. 200.

estabilidade e durabilidade da nova estrutura; por outro lado, a experiência vivida pelos homens empenhados nesse grave assunto é a percepção revigorante de que os seres humanos têm a capacidade de iniciar alguma coisa, o entusiasmo que sempre acompanha o nascimento de algo novo na Terra.[25]

Todavia, esse paradoxo da revolução não se constitui como uma aporia. Em vez de enfatizar o malogro da expectativa de religação à experiência romana, Arendt aponta para o fracasso das mais variadas experiências revolucionárias na conservação do seu tesouro, isto é, na sua incapacidade de converter em forma de governo a experiência do sistema de conselhos, "um novo espaço público para a liberdade que se constituía e se organizava durante o curso da própria revolução";[26] um novo tipo de organização política que permitiria eventualmente a todos os cidadãos participar ativamente no governo. A indisponibilidade, em um cenário pós-tradicional, da sacralização da experiência de fundação e da constituição que a reifica não redunda, portanto, em uma falência de sua legitimidade. Os membros autoescolhidos dos conselhos abrangem potencialmente o conjunto dos cidadãos, mas efetivamente o sistema de conselhos demanda paixões políticas extraordinárias como "a coragem, a busca da felicidade pública, o gosto pela liberdade pública, uma ambição que luta pela excelência, independentemente não só da posição social e dos cargos administrativos, mas até da realização e do reconhecimento",[27]

---

25 Idem, Sobre a revolução, p. 283.
26 Ibidem, p. 314.
27 Ibidem, p. 344 e 345.

EPÍLOGO | SISTEMA DE CONSELHOS: UMA NOVA FORMA DE GOVERNO? **207**

de modo que essa "elite autoescolhida" responde à demanda por igual responsabilidade pelo rumo do mundo em um cenário pós-tradicional. Apenas nessa direção Arendt pensa poder imaginar uma nova forma de Estado. No sistema de conselhos ela julgou encontrar a que seria a única forma de governo moderna "que permitiria o exercício da felicidade pública por parte de todos aqueles para quem a felicidade não se restringe à fruição privada da liberdade".[28]

Se vislumbrarmos essa nova forma de Estado tendo em consideração a teoria das formas de governo de Montesquieu, com quem Arendt mais dialogou quando pensou a esse respeito, talvez possamos lançar alguma luz sobre o que ela poderia vir a ser. Na medida em que, na interpretação arendtiana de Montesquieu,[29] cada forma de governo é definida por uma essência, um princípio de ação e uma experiência fundamental, talvez possamos conceber como essência dessa forma de Estado a fundação de uma estrutura republicana na qual a lei ao mesmo tempo em que circunscreve o espaço político da ação livre estabelece vínculos e canais de comunicação a invocar permanentemente a participação; como princípio de ação, seguramente o desejo de liberdade

---

28 A. Duarte, *O pensamento à sombra da ruptura*, p. 313. "É bem verdade que a moderna transformação da atividade política em administração de interesses privados conspira contra a viabilidade política do sistema de conselhos, cuja própria natureza apartidária e plural os distingue dos chamados grupos de pressão, sendo, portanto, ineficazes para representar interesses meramente privados." C. Felício, Sob o signo da república: notas sobre o estatuto do sistema de conselhos no pensamento de Hannah Arendt, p. 42.

29 H. Arendt, Montesquieu's revision of the tradition, p. 66.

e de autodeterminação; como experiência fundamental a felicidade pública.

> Um Estado-conselho desse tipo, para o qual o princípio de soberania fosse totalmente discrepante, seria admiravelmente ajustado às mais diversas espécies de federações, especialmente porque nele o poder seria constituído horizontalmente e não verticalmente. Mas se você me perguntar que probabilidade existe de ele ser realizado, então devo dizer: muito pouca, se tanto. E ainda, quem sabe, apesar de tudo, no encalço da próxima revolução.[30]

Os sistemas de conselhos sempre surgiram, para Arendt, de um modo inteiramente espontâneo, e não como resultado de qualquer teoria revolucionária de alguma vanguarda. Vários eventos políticos recentes parecem lhe dar razão quando afirma que "o sistema de conselhos parece corresponder e brotar da própria experiência da ação política".[31] Um Estado-conselho, tal como ela o imagina, é muito menos que um modelo, mas possivelmente algo mais que uma metáfora. Estabelece um antagonismo com a soberania justamente porque seria uma contradição em termos pensar que uma articulação federalista do poder pudesse ser assimilada à unidade da soberania. Segundo Wellmer, tal imagem de Arendt abrange tanto as instituições políticas de um sistema federal quanto como uma rede de associações autônomas, de modo que

---

30 *Idem*, Reflexões sobre política e revolução, p. 201.
31 *Ibidem*, p. 199.

EPÍLOGO | SISTEMA DE CONSELHOS: UMA NOVA FORMA DE GOVERNO?

> sua ideia do sistema de conselhos é como uma metáfora para uma rede de instituições, organizações e associações autônomas ou parcialmente autônomas em cada uma das quais tem lugar algo como o autogoverno de participantes livres e iguais, em cada caso de diferentes modos, com diferentes metas e meios de recrutar novos membros: uma rede cujas unidades podem ser conectadas, relacionadas e dependentes umas das outras tanto horizontal como verticalmente.[32]

Arendt, que jamais acreditou no progresso e inclusive o julgava uma ofensa à dignidade humana, nunca tomou parte no catastrofismo ou em qualquer outra convicção de que o futuro pudesse estar predeterminado e de que a liberdade só poderia se dar paradoxalmente em alguma pretensa dinâmica predeterminada da história. Pensava que na modernidade como em épocas anteriores poderíamos estar à altura de nossa dignidade como agentes livres, a testemunhar a singularidade de cada um e a pluralidade que articula a todos. O espírito revolucionário, um tesouro a ser encontrado, conformou para ela a mais flagrante imagem moderna da liberdade, a unir liberdade e começo, ruptura e fundação, o iniciar e o levar a cabo que caracteriza a ação em conjunto. Reaviva-se assim a promessa de que a liberdade possa ser restituída como uma experiência política e se afirme em oposição à prevalência de uma vida que não aspira redimir-se do aprisionamento ao âmbito da necessidade, ampliado pelo crescimento artificial ou não natural do natural que é também marca distintiva da era e do mundo modernos.

---

32 A. Wellmer, Arendt on revolution, 224. Cf. p. 238.

BIBLIOGRAFIA

ABENSOUR, Miguel. D'une mésinterprétation du totalitarisme et de ses effets. In: TRAVERSO, Enzo (org.). *Le totalitarisme:* le XXe siècle en débat. Paris: Ed. du Seuil, 2001.

ADVERSE, Helton. Arendt, a democracia e a desobediência civil. *Revista brasileira de estudos políticos*, n° 105, p. 409-434, jul./dez. 2012.

AGAMBEN, Giorgio. *Homo sacer I:* o poder soberano e a vida nua I. Trad. H. Burigo. Belo Horizonte: Ed. UFMG, 2004.

_____. Entrevista a Flávia Costa. *Revista do Departamento de Psicologia (UFF).* vol. 18, n° 1, p. 131-136, jan./jun. 2006,.

_____. *Moyens sans fins:* notes sur la politique. Paris: Payot & Rivages, 2007.

_____. *O que resta de Auschwitz* – o arquivo e a testemunha (*Homo sacer III*). Trad. Selvino J. Assmann. São Paulo: Boitempo, 2008.

_____. *O aberto:* o homem e o animal. Trad. A. Dias e A. B. Vieira. Rev. Davide Scarso. Lisboa: Ed. 70, 2011.

_____. *O reino e a glória*. Trad. Selvino Assmann. São Paulo: Boitempo, 2011.

_____. *O homem sem conteúdo*. Trad. Cláudio Oliveira. São Paulo: Autêntica, 2012.

AGUIAR, O. *Filosofia, política e ética em Hannah Arendt*. Ijuí: Ed. Unijuí, 2009.

ALLEN, A. Power, subjectivity, and agency: between Arendt and Foucault. *International journal of philosophical studies*, 10 (2), p. 131-149, 2002.

ALMEIDA, Vanessa Sievers de. *Educação em Hannah Arendt* – entre o mundo deserto e o amor ao mundo. São Paulo: Cortez, 2011.

AMIEL, Anne. *A não-filosofia de Hannah Arendt:* revolução e julgamento. Lisboa: Instituto Piaget, 2003.

ARENDT, Hannah. *Philosophy and Politics* – the problem of action and thought after the French Revolution – lecture. *Hannah Arendt papers*. Washington: The Manuscript Division, Library of Congress, Box 76, 1954.

_____. History of political theory: Montesquieu. In: *Hannah Arendt's papers*. Washington: The Manuscript Division, Library of Congress, Box. 58, 1955.

_____. Totalitarian imperialism: reflections on the Hungarian Revolution. *Journal of politics*, vol. 20, n° 1, p. 5-43, fev. 1958.

_____. Revolution and freedom. *Hannah Arendt papers*. Washington: The Manuscript Division, Library of Congress, Box 78, 1966-1967, 23p.

_____. Public rights and private interests. In: MONEY; STUBER (orgs.). *Small comforts for hard times:* Humanists on public policy. New York: Columbia University Press, 1977.

_____. The crisis in culture: its social and its political significance. In: *Between past and future*. Nova York: Penguin Books, 1993. p. 197-226.

_____. What is freedom?. In: *Between past and future*. New York: Penguin Books, 1993.

_____. *Sobre a violência*. Trad. André Duarte. Rio de Janeiro: Relume-Dumará, 1994.

_____. *O que é política?*. Tradução R. Guarany. Rio de Janeiro: Bertrand Brasil, 1998.

_____. *Eichmann em Jerusalém* – um relato sobre a banalidade do mal. Trad. José R. Siqueira. São Paulo: Companhia das Letras, 2000.

_____. A crise na cultura: sua importância social e política. In: *Entre o passado e o futuro*. 5. ed. Trad. Mauro W. B. Almeida. São Paulo: Perspectiva, 2001.

_____. O conceito de História – antigo e moderno. In: *Entre o passado e o futuro*. 5. ed. Trad. Mauro W. B. Almeida. São Paulo: Perspectiva, 2001.

_____. Prefácio: a quebra entre o passado e o futuro. In: *Entre o passado e o futuro*. 5. ed. Trad. Mauro W. B. Almeida. São Paulo: Perspectiva, 2001.

_____. O que é liberdade?. In: *Entre o passado e o futuro*. 5. ed. Trad. Mauro W. B. Almeida. São Paulo: Perspectiva, 2001.

_____. *Denktagebuch* – 1950 -1973. Ed. Ursula Ludz e Ingeborg Nordmann. Munique: Piper, 2002. 2 vols.

_____. "Isak Dinesen: 1885-1963". In: *Homens em tempos sombrios*. Trad. Denise Bottmann. São Paulo: Companhia das Letras, 2003. p. 87-98.

_____. Walter Benjamin (1892-1940). In: *Homens em tempos sombrios*. Trad. Denise Bottmann. São Paulo: Companhia das Letras, 2003. p. 133-176.

_____. Martin Heidegger faz oitenta anos. In: *Homens em tempos sombrios*. Trad. Denise Bottmann. São Paulo: Companhia das Letras, 2003. p. 221-231.

_____. *The origins of totalitarianism*. Nova York: Harcourt Brace, 1973. Tradução brasileira: *As origens do totalitarismo*. Trad. Roberto Raposo. São Paulo: Companhia das Letras, 2004.

_____. Responsabilidade pessoal sob a ditadura. In: *Responsabilidade e julgamento*. Ed. J. Kohn. Trad. R. Eichenberg. Rev. téc. Bethânia Assy e André Duarte. São Paulo: Companhia das Letras, 2004.

_____. Tiro pela culatra. In: *Responsabilidade e julgamento*. Ed. J. Kohn. Trad. R. Eichenberg. Rev. téc. Bethânia Assy e André Duarte. São Paulo: Companhia das Letras, 2004.

_____. Desobediência civil. In: *Crises da república*. 2. ed. Trad. J. Volkmann. São Paulo: Perspectiva, 2004.

_____. Reflexões sobre política e revolução. In: *Crises da república*. 2. ed. Trad. J. Volkmann. São Paulo: Perspectiva, 2004.

_____. Trabalho, obra, ação. Trad. A. Correia (Rev. T. Calvet). *Cadernos de ética e filosofia política*, nº 7, 2, p. 175-201, 2005.

_____. *Karl Marx y la tradición del pensamiento político occidental* – seguido de Reflexiones sobre la Revolución Húngara. Trad. A. S. de Haro e M. López. Madri: Encuentro, 2007.

_____. A ameaça do conformismo. In: *Compreender* – formação, exílio e totalitarismo (Ensaios 1930-1954). Ed. Jerome Kohn. Trad. Denise Bottmann. Belo Horizonte/São Paulo: Ed. UFMG/Companhia das Letras, 2008.

_____. As técnicas sociológicas e o estudo dos campos de concentração. In: *Compreender* – formação, exílio e totalitarismo (Ensaios 1930-1954). Ed. Jerome Kohn. Trad. Denise Bottmann. Belo Horizonte/São Paulo: Ed. UFMG/Companhia das Letras, 2008.

_____. Compreensão e política (As dificuldades da compreensão). In: *Compreender* – formação, exílio e totalitarismo (Ensaios 1930--1954). Ed. Jerome Kohn. Trad. Denise Bottmann. Belo Horizonte/São Paulo: Ed. UFMG/Companhia das Letras, 2008.

_____. Culpa organizada e responsabilidade universal. In: *Compreender* – formação, exílio e totalitarismo (Ensaios 1930-1954). Ed. Jerome Kohn. Trad. Denise Bottmann. Belo Horizonte/São Paulo: Ed. UFMG/Companhia das Letras, 2008.

_____. Franz Kafka: uma reavaliação – por ocasião do vigésimo aniversário de sua morte. In: *Compreender* – formação, exílio e totalitarismo (Ensaios 1930-1954). Ed. Jerome Kohn. Trad. Denise Bottmann. Belo Horizonte/São Paulo: Ed. UFMG/Companhia das Letras, 2008.

_____. Humanidade e terror. In: *Compreender* – formação, exílio e totalitarismo (Ensaios 1930-1954). Ed. Jerome Kohn. Trad. Denise Bottmann. Belo Horizonte/São Paulo: Ed. UFMG/Companhia das Letras, 2008.

_____. O interesse do atual pensamento filosófico europeu pela política. In: *Compreender* – formação, exílio e totalitarismo (Ensaios 1930-1954). Ed. Jerome Kohn. Trad. Denise Bottmann. Belo Horizonte/São Paulo: Ed. UFMG/Companhia das Letras, 2008.

_____. O que é a filosofia da existência [*Existenz*]. In: *Compreender* – formação, exílio e totalitarismo (Ensaios 1930-1954). Ed. Jerome Kohn. Trad. Denise Bottmann. Belo Horizonte/São Paulo: Ed. UFMG/Companhia das Letras, 2008.

_____. "O que resta? Resta a língua": uma conversa com Günter Gauss. In: *Compreender* – formação, exílio e totalitarismo (Ensaios 1930-

BIBLIOGRAFIA

-1954). Ed. Jerome Kohn. Trad. Denise Bottmann. Belo Horizonte/ São Paulo: Ed. UFMG/Companhia das Letras, 2008.

_____. Uma réplica a Eric Voegelin. In: *Compreender* – formação, exílio e totalitarismo (Ensaios 1930-1954). Ed. Jerome Kohn. Trad. Denise Bottmann. Belo Horizonte/São Paulo: Ed. UFMG/Companhia das Letras, 2008.

_____. Sobre a natureza do totalitarismo: uma tentativa de compreensão. In: *Compreender* – formação, exílio e totalitarismo (Ensaios 1930-1954). Ed. Jerome Kohn. Trad. Denise Bottmann. Belo Horizonte/São Paulo: Ed. UFMG/Companhia das Letras, 2008.

_____. *Compreender* – formação, exílio e totalitarismo (Ensaios 1930--1954). Ed. Jerome Kohn. Trad. Denise Bottmann. Belo Horizonte/ São Paulo: Ed. UFMG/Companhia das Letras, 2008.

_____. *A vida do espírito:* o pensar, o querer, o julgar. Trad. Cesar A. R. de Almeida, Antônio Abranches e Helena F. Martins. Rio de Janeiro: Civilização Brasileira, 2009.

_____. Sobre Hannah Arendt. *Inquietude*, vol. 1, nº 2, p. 123-163, ago./dez. 2010.

_____. *Sobre a revolução*. Trad. Denise Bottmann. São Paulo: Companhia das Letras, 2011.

_____. A grande tradição. Trad. P. Bodziak e A. Correia. *O que nos faz pensar*, nº 29, p. 273-298, maio 2011.

_____. A revisão da tradição em Montesquieu. In: *A promessa da política* (Ed. J. Kohn). Trad. Pedro Jorgensen Jr. 4. ed. Rio de Janeiro: Difel, 2012.

_____. The last interview (by Roger Errera). In: *The last interview and other conversations*. Nova York: Melville House, 2013.

_____. *A condição humana*. 12. ed. revista. Trad. R. Raposo. Rev. Téc. e apresentação de Adriano Correia. Rio de Janeiro: Forense Universitária, 2014.

ARENDT, Hannah e BENEDICT, Hans Jürgen. Revolution, violence, and power: a correspondence. *Constellations*, vol. 16, nº 2, p. 302--306, 2009.

ARENDT, Hannah; JASPERS, Karl. *Hannah Arendt-Karl Jaspers Briefwechsel:* 1926-1969. Eds. Lotte Köhler e Hans Saner. Munique: Piper, 1993.

ARENDT, Hannah; MCCARTHY, Mary. *Entre amigas:* a correspondência de Hannah Arendt e Mary McCarthy. Org. e Introd. Carol Brightman. Trad. Sieni Campos. Rio de Janeiro: Relume Dumará, 1995.

ARISTÓTELES. *The complete works of Aristotle (The revised Oxford translaton)*. Editado por Jonathan Barnes. Princeton: Princeton University Press, 1991.

ASSMANN, Selvino José; BAZZANELLA, Sandro Luiz. *A vida como potência a partir de Nietzsche e Agamben*. São Paulo: LiberArs, 2013.

AUDEN, W. H. Thinking what we are doing. *Encounter*, p. 72-76, 12, June 1959.

AVRITZER, Leonardo. Ação, fundação e autoridade em Hannah Arendt. *Lua Nova*, nº 68, p. 147-167, 2006.

BAUMAN, Zygmunt. *A ética é possível num mundo de consumidores?*. Trad. A. Werneck. Rio de Janeiro: Zahar, 2011.

BELL, Vikki. The promise of liberalism and the performance of freedom. In: BARRY, A.; OSBORNE, Th.; ROSE, N. *Foucault and political reason:* liberalism, neoliberalism and rationalities of government. Chicago: The University of Chicago Press, 2006.

BENHABIB, Seyla. *The reluctant modernism of Hannah Arendt*. Thousand Oaks, California: Sage, 1996.

_____. Models of public space: Hannah Arendt, the Liberal tradition, and Jürgen Habermas. In: CALHOUN, Craig (ed.). *Habermas and the public sphere*. 4. ed. Massachusetts: The MIT Press, 1996. p. 73--98.

BEINER, Ronald. Action, natality and citizenship: Hannah Arendt's concept of freedom. In: PELCZYNSKI, J.; GRAY, J. *Conceptions of liberty in political philosophy*. Londres: Athlone Press, 1984. p. 349-375.

BIBLIOGRAFIA

BERGSON, Henri. O pensamento e o movente (introd.). In: *William James/Henri Bergson.* 3. ed. Trad. Franklin Leopoldo e Silva. São Paulo: Nova Cultural, 1989 (Coleção Os Pensadores).

BIGNOTTO, Newton. Hannah Arendt e a Revolução Francesa. *O que nos faz pensar*, nº 29, p. 41-58, maio 2011.

BLENCOWE, Claire. Foucault's and Arendt's "insider view" of biopolitics: a critique of Agamben. *History of the Human Sciences*, 23(5) p. 113-130, 2010.

BODZIAK, P. Categorias de validade exemplar: sobre a distinção entre político e social em Hannah Arendt. Dissertação de mestrado. Campinas: Unicamp, 2013.

BRAUN, K. Biopolitics and temporality in Arendt and Foucault. *Time and society*, vol. 16, nº 1, p. 05-23, 2007.

BRUNKHORST, H. Equality and Elitism in Arendt. In: *The Cambridge Companion to Hannah Arendt.* VILLA, Dana (ed.). Cambridge: Cambridge University Press, 2006. p. 178-198.

BRUNON-ERNST, A. *Utilitarian biopolitics:* Bentham, Foucault and modern power. London: Pickering & Chatto, 2012.

CALVET DE MAGALHÃES, Theresa. Ação e Poder em H. Arendt e J. Habermas. *Ensaio.* São Paulo, vol. 15-16, p. 185-200, 1986.

_____. A atividade humana do trabalho [*labor*] em Hannah Arendt. *Ética & Filosofia Política*, de Juiz de Fora, no vol. 9, nº 1, jun. 2006.

CAMARGO, Ricardo. Revolución, acontecimiento y teoría del acto – Arendt, Badiou y Žižek. *Ydeas y valores*, nº 144, p. 99-116.

CANDIOTTO, Cesar. Foucault: biopoder, biopolítica e governamentalidade. In: NEUTZLING, Inácio; RUIZ, Castor M. M. B. (orgs.). *O (des)governo biopolítico da vida humana.* São Leopoldo: Casa Leiria, 2011. p. 37-53.

CANETTI, Elias. *Massa e poder.* Trad. Sérgio Tellaroli. São Paulo: Companhia das Letras, 2005.

CANOVAN, Margaret. A case of distorted communication: a note on Habermas and Arendt. *Political theory*, vol. 11, nº 1, p. 105-116, fev. 1983.

CORREIA, Adriano. Sobre o trágico na ação: Arendt (e Nietzsche). *O que nos faz pensar* (PUC-RJ). nº 29, p. 59-74, maio 2011.

COURTINE-DENAMY, Sylvie. *O cuidado com o mundo* – diálogo entre Hannah Arendt e alguns de seus contemporâneos. Trad. Maria J. G. Teixeira. Belo Horizonte: Ed. UFMG, 2004.

D'ENTRÈVES, Maurizio P. *The political philosophy of Hannah Arendt.* London/New York: Routledge, 1994.

DOLAN, Frederick. The paradoxical liberty of bio-power – Hannah Arendt and Michel Foucault on modern politics. *Philosophy & Social Criticism*, vol. 31, nº 3, p. 369-380, 2005.

DUARTE, André M. *O pensamento à sombra da ruptura.* São Paulo: Paz e Terra, 2000.

_____. Hannah Arendt e a biopolítica: a fixação do homem como *animal laborans* e o problema da violência. In: CORREIA, Adriano (org.). *Hannah Arendt e a condição humana.* Salvador: Quarteto, 2006. p. 147-161.

_____. *Vidas em Risco.* Crítica do presente em Heidegger, Arendt e Foucault. Rio de Janeiro: Forense Universitária, 2010.

ECCEL, Daiane. *Da Revolução*: Arendt, uma Moderna?. *Trans/form/ação*, vol. 36, nº 3, p. 109-128, set./dez. 2013.

ENEGRÉN, A. *La pensée politique de Hannah Arendt.* Paris: PUF, 1984.

FELÍCIO, Carmelita B. F. Sob o signo da república: notas sobre o estatuto do sistema de conselhos no pensamento de Hannah Arendt. *Philósophos*, vol. 11(1), p. 31-48, jan./jun. 2006.

FERRY, Jean-Marc. Habermas critique de Hannah Arendt. *Esprit*, nº 6, p. 109-124, jun. 1980.

FOUCAULT, M. *Em defesa da sociedade* – curso no Collège de France (1975-1976). Trad. Maria E. Galvão. São Paulo: Martins Fontes, 2002.

_____. *História da sexualidade 1* – a vontade de saber. 16. ed. Trad. M. T. C. Albuquerque e J. A. G. Albuquerque. Rio de Janeiro: Graal, 2005.

BIBLIOGRAFIA

_____. *O nascimento da biopolítica* – curso dado no Collège de France (1978-1979). Trad. E. Brandão. São Paulo: Martins Fontes, 2008.

GARCIA, Cláudio Boeira. Sobre as referências a Rousseau em *On revolution*. In: CORREIA, A. (coord.). *Transpondo o abismo:* Hannah Arendt entre a filosofia e a política. Rio de Janeiro: Forense Universitária, 2002.

GORDON, N. On visibility and power: an arendtian corrective of Foucault. *Human studies*, 25 (2), p. 125-145, 2002.

HABERMAS, Jürgen. O conceito de poder em Hannah Arendt. In: FREITAG, B.; ROUANET, S. P. (Orgs.). *Habermas*. São Paulo: Ática, 1980.

_____. *Philosophisch-politische Profile*. 3. ed. Frankfurt: Suhrkamp, 1984.

_____. *Mudança estrutural da esfera pública*. Trad. F. R. Kothe. Rio de Janeiro: Tempo Brasileiro, 1984.

_____. *Teoría y práxis:* estudios de filosofía social. Trad. S. M. Torres e C. M. Espí. Madri: Tecnos, 1987.

_____. *Direito e democracia:* entre facticidade e validade. Trad. F. B. Siebeneichler. Rio de Janeiro: Tempo Brasileiro, vol. I, 1997.

HALÉVY, E. *The growth of philosophical radicalism*. Oxford: Faber & Faber, 1928.

HAYES, Carlton J. H. La nouveauté du totalitarisme dans l'histoire de la civilisation occidentale. In: *Le totalitarisme: le XXe siècle en débat*. Paris: Ed. du Seuil, 2001.

HEIDEGGER, M. *Os conceitos fundamentais da metafísica:* mundo, finitude, solidão. Trad. M. A. Casanova. Rio de Janeiro: Forense Universitária, 2003.

HOBSBAWM, Eric. *Ecos da Marselhesa* – dois séculos reveem a Revolução Francesa. Trad. Maria C. Paoli. São Paulo: Companhia das Letras, 1996.

HONIG, B. Declarations of Independence: Arendt and Derrida on the Problem of Founding a Republic. *American Political Science Review*, nº 85, p. 97-113, 1991.

_____. *Political Theory and the Displacement of Politics*. New York: Cornell University Press, 1993.

HOWARD, Dick. Keeping the republic: reading Arendt's *On revolution* after the fall of the Berlin Wall. In: BENHABIB, S. *Politics in dark times* – encounters with Hannah Arendt. Cambridge: Cambridge University Press, 2010.

HUME, D. *A treatise of human nature*. Oxford: Oxford University Press, 1960.

_____. *Moral philosophy*. Indianapolis/Cambridge: Hackett Publishing Company, 2006.

KANT, Immanuel. *Crítica da razão pura*. 3. ed. Trad. Valerio Rohden e Udo Baldur Moosburger. São Paulo: Nova Cultural, 1987. 2 vols. (Col. Os pensadores).

KOYRÉ, A. *Estudos de história do pensamento científico*. Trad. Márcio Ramalho. Rio de Janeiro/Brasília: Forense Universitária/Ed. UnB, 1982.

JAEGER, Werner W. *Aristoteles* – bases para la historia de su desarollo intelectual. Trad. José Gaos. Cidade do México: Fondo de Cultura Económica, 1997.

_____. *Paidéia* – a formação do homem grego. 4. ed. Trad. Artur M. Parreira. São Paulo: Martins Fontes, 2003.

KULLMANN, Wolfgang. L'image de l'homme dans la pensée politique d'Aristote. In: AUBENQUE, Pierre; TORDESILLAS, Alonso (eds.). *Aristote politique* – Études sur la Politique d'Aristote. Paris: PUF, 1993.

LAFER, Celso. A política e a condição humana. In: ARENDT, H. *A condição humana*. Trad. R. Raposo. 7. ed. Rio de Janeiro: Forense Universitária, 1995. p. 349-350.

LAGASNERIE, G. de. *A última lição de Foucault*. Trad. André Telles. São Paulo: Três Estrelas, 2013.

_____. Néolibéralisme, théorie politique et pensée critique. *Raisons politiques*, p. 63-75, nov. 2013.

BIBLIOGRAFIA

LAZZARATO, Maurizio. Naissance de la biopolitique, à la lumière de la crise. *Raisons politiques*, p. 51-62, nov. 2013.

LEMM, V. (ed.). *Michel Foucault:* neoliberalismo y biopolítica. Santiago: Ed. Univ. Diego Portales, 2010.

LLOYD, Geoffrey E. R. L'idée de nature dans la *Politique* d'Aristote. In: AUBENQUE, Pierre; TORDESILLAS, Alonso (eds.). *Aristote politique* – Études sur la Politique d'Aristote. Paris: PUF, 1993. p. 136.

MAGALHÃES, Theresa C. de. Ação e poder em Hannah Arendt e Jürgen Habermas. *Ensaio*, nº 15/16, p. 185-200.

MANDEVILLE, B. *The fable of the bees and other writings.* Indianapolis: Hackett, 1997.

MARX, K. *Theorie of surplus value.* Londres: Lawrence & Wishart, 1951.

_____. *A guerra civil na França.* Trad. Rubens Enderle. São Paulo: Boitempo, 2011.

MARX, K.; ENGELS, F. *Capital: a* critique of political economy. Ed. Ernest Untermann. Nova York: Modern Library, 1906.

_____. *Die deutsche Ideologie.* MEW, Band 3, Berlim/DDR: Dietz, 1958.

_____. *A ideologia alemã.* Trad. Rubens Enderle *et al.* São Paulo: Boitempo, 2013.

NASCIMENTO, Daniel A. *Do fim da experiência ao fim do jurídico:* percurso de Giorgio Agamben. São Paulo: Ed. LiberArs, 2012.

_____. Animalização, despolitização e biopolítica sob a influência dos argumentos de Giorgio Agamben. *Cadernos de Ética e Filosofia Política.* nº 23, p. 19-36, 2013.

NIETZSCHE, Friedrich W. *Fragmentos póstumos.* Trad. Oswaldo Giacoia Jr. Campinas: IFCH/Unicamp, nº 22, abril de 1996. (Col. Textos Didáticos)

_____. *Kritische Studienausgabe* [KSA]. Editado por Giorgio Colli e Mazzino Montinari. München: DTV; De Gruyter, 1999. 15 vols.

_____. *Assim falou Zaratustra* – um livro para todos e para ninguém. Trad. Mário da Silva. 18. ed. Rio de Janeiro: Civilização Brasileira, 2010.

OLIVEIRA, Cícero J. S. A soberania do econômico nas reflexões de Hannah Arendt e Zygmunt Bauman. *Philósophos*, vol. 18, n° 1, p. 11-39, jan./jun. 2013.

OVERENGET, E. Heidegger and Arendt: Against the Imperialism of Privacy. *Philosophy Today*. vol. 39:4, Winter, 1995.

PAREKH, B. Hannah Arendt's critique of Marx. In: HILL, M. (ed.). *Hannah Arendt:* the recovery of the public world. Nova York: St. Martin's Press, 1979.

PITKIN, Hanna F. Justice: on relating private and public. *Political Theory*, vol. 9:3, p. 327-352, ago 1991.

_____. *The attack of the blob:* Hannah Arendt and the social question. Chicago: The University of Chicago Press, 1998.

QUINTANA, Laura. ¿Cómo prolongar el acontecimiento? Acción e institución en Hannah Arendt. *Argumentos*, ano 5, n° 9, p. 120-139, jan./jun. 2013.

ROSA, João Guimarães. *Grande sertão:* veredas. 19. ed. São Paulo: Nova Fronteira, 2006.

SENELLART, Michel. *As artes de governar.* Trad. Paulo Neves. São Paulo: Ed. 34, 2006.

TAMINIAUX, Jacques. The philosophical stakes in Arendt's genealogy of totalitarianism. *Social Research*, vol. 69, n° 2, p. 423-446, verão, 2002.

TASSIN, Étienne. L'azione "contro" il mondo. Il senso dell'acosmismo. In: FORTI, Simona (ed.). *Hannah Arendt.* Milão: Bruno Mondadori, 1999. p. 136-154.

_____. *"... sed victa Catoni":* the defeated cause of revolutions. *Social Research*, vol. 74, n° 4, p. 1.109-1.126, inverno, 2007.

TOCQUEVILLE, Alexis de. *A democracia na América.* Trad. Eduardo Brandão. São Paulo: Martins Fontes, 2004 (vol. II)/2005 (vol. I).

BIBLIOGRAFIA

_____. *O antigo regime e a revolução*. Trad. Rosemary C. Abílio. São Paulo: Martins Fontes, 2009.

_____. *Lembranças de 1848* – as jornadas revolucionárias em Paris. Trad. Modesto Florenzano. São Paulo: Penguin/Companhia das Letras, 2011.

TSAO, Roy T. Arendt against Athens – Rereading *The human condition*. *Political theory*, vol. 30, nº 1, fev. 2002.

VERNANT, Jean-Pierre. "Espaço e organização política na Grécia antiga. *Mito e pensamento entre os gregos*. Trad. Haiganuch Sarian. Rio de Janeiro: Paz e Terra, 1990.

VILLA, Dana. *Politics, Philosophy, Terror:* Essays on the thought of Hannah Arendt. Princeton: Princeton University Press, 1999.

_____. How "Nietzschean" was Arendt?. In: SIEMENS, Herman W.; ROODT, Vasti (eds.). *Nietzsche, power and politics: rethinking Nietzsche's legacy for political thought*. Berlim: Walter de Gruyter, 2008.

_____. *Public freedom*. Princeton: Princeton University Press, 2008.

XARÃO, Francisco. *Política e liberdade em Hannah Arendt* – ensaio sobre a reconsideração da *Vita activa*. 2. ed. Ijuí: Ed. Unijuí, 2013.

WELLMER, Albrecht. Arendt on revolution. In: VILLA, Dana (ed.). *The Cambridge Companion to Hannah Arendt*. Cambridge: Cambridge University Press, 2000. p. 220-241.

WOLIN, Sheldon. Hannah Arendt: democracy and the political. *Salmagundi*, nº 60, 1983.

YACK, Bernard. *Problems of a political animal community, justice, and conflict in Aristotelian political thought*. Berkeley: University of California Press, 1993.

YOUNG-BRUEHL, Elizabeth. *Hannah Arendt:* por amor ao mundo. Trad. Antônio Trânsito. Rio de Janeiro: Relume Dumará, 1987.

www.forenseuniversitaria.com.br
bilacpinto@grupogen.com.br

Pré-impressão, impressão e acabamento

grafica@editorasantuario.com.br
www.editorasantuario.com.br
Aparecida-SP